D1666241

SEMERKAND

İstanbul 2010

SEMERKAND : 145
Tasavvufi Sohbetler: 12
yayin@semerkand.com
ISBN : 978-605-4214-70-9

Yazar : Mehmet Ildırar
Editör : Eyyüp Beyhan
Tashih : Mehmet Günyüzlü
Kapak : Mehmet Ali Köse
İç Tasarım : Rana Saliha Hayta
Baskı : Sistem Matbaacılık
Davutpaşa Cad.
Ayazma Sok. No: 8
Davutpaşa/İstanbul
Tel: 0212 482 11 01
(yaygın dağıtım)

Ağustos 2010, İstanbul
1. Baskı

GENEL DAĞITIM

 POZİTİF DAĞITIM

TÜRKİYE: Eyüpsultan Mh. Esma Sk. No: 7/A Samandıra-Sancaktepe-İstanbul
Tel: 0216 564 26 26 Faks: 0216 564 26 36 www.semerkandpazarlama.com

EROL MEDIEN

AVRUPA: Kaiser-Wilhelm-Str. 230 47169 Duisburg Tel: 0049 0203-317 43 24
Faks: 0049 0203-317 43 25 www.semerkandpazarlama.de

TASAVVUFÎ SOHBETLER 12

Tasavvuf ve Akıl

MEHMET ILDIRAR

SEMERKAND

İÇİNDEKİLER

2. BÖLÜM

3. BÖLÜM

4. BÖLÜM

12. BÖLÜM

13. BÖLÜM

ÖNSÖZ

Muhterem Mehmet Ildırar Hocaefendi ömrünü insanlara hizmet etmekle ve dinimizin güzelliklerini anlatmakla geçirmektedir. Sohbetlerinde klasik kaynaklarımıza bağlı kalıp, herkese de geçmişteki âlimlerimizin ve evliyalarımızın yazmış olduğu o güzel eserleri tavsiye etmektedir. İlim, amel ve ihlâsın bütünlüğüne sürekli vurgu yapmakta, bunları elde etmenin ve bir arada tutmanın yolunun da bir rehber bulmaktan geçtiğini her zaman belirtmektedir.

Mehmet Ildırar Hocaefendi sohbetlerinden derlediğimiz bu eserinde aklı doğru kullanmak ve aklın şehvetinden korunmak için takip etmemiz gereken yolu aydınlatmaya çalışmaktadır. Aklın faydalarını ve zararlarını dile getirmektedir. Büyüklerin akılla ilgili sözlerini ve menkıbelerini anlatmaktadır. Akıl çeşitlerinden, aklın kalp, ruh, şeytan ve nefsle olan ilişkilerinden bahsetmektedir.

Hocamızın sohbetlerinden derlediğimiz kitap çalışmalarımız devam edecektir. Bütün okurlarımıza sağlık ve selamet diliyoruz.

SEMERKAND

AKIL NEDİR?

HERKESİN AKIL DERECESİ NEDEN FARKLIDIR?

Akıl, insanlara verilmiş nimetlerin en yücesidir. Akıl, kalbe gelen tesirleri inceleyerek iyiyi kötüden ayırt eden kuvvettir. Akıl, mahlûkat içinde en önce yaratılan varlıklardan olup bir nurdur.

el-Berîka isimli eserde şu menkıbe anlatılır: Allah Teâlâ Cebrâil'e [aleyhisselâm], aklı, imanı ve hayâyı Âdem'e [aleyhisselâm] götürmesini ve Âdem'in [aleyhisselâm] bu üç hediyeden birini seçmesini buyurdu. Âdem [aleyhisselâm] aklı seçti. Bunun üzerine Cebrâil [aleyhisselâm], iman ve hayâya, "Siz gidin, artık işiniz bitti" dedi. İman Cebrâil'e [aleyhisselâm], "Yâ Cebrâil, Allah Teâlâ hazretleri bana, 'Akıl nerede ise sen de orada ol!' diye emreyledi. Âdem [aleyhisselâm] aklı seçti. Ben de iman olarak onunla bulunacağım" dedi ve

iman da Âdem'in [aleyhisselâm] kalbine girdi. Ardından hayâ, "Yâ Cebrâil, müsaade edersen ben de derdimi anlatayım. Rabbim Teâlâ bana, 'Âdem aklı seçerse iman da onun kalbine girer. Akılla iman nerede ise sen de orada ol!" buyurdu" diyerek, o da Âdem'in [aleyhisselâm] kalbine girdi.

Muhteremler, şu halde, imanın kalesi akıl; aklın meyvesi hayâdır. Akıl, insanın kalbine yerleştirilmiş bir nurdur. Buna sahip insan, akılla, karşısındakinin muradını anlayabilir. İnsan, akıllı olduğundan, emirleri yerine getirmek ve yasaklardan sakınmakla yükümlüdür. Şu halde, insana akıl verilmesinin hikmeti, Allah'ın emirlerine uymak ve Allah'a ibadet etmektir. Aklı olmayan, Allah'ın varlığını, birliğini, büyüklüğünü bilemez.

Aklın değişik tarifleri yapılmıştır. Akıl, kişinin sözünün ve işinin doğru olmasıdır. Dünyevî ve uhrevî işleri düzgün icra etmek için akla ihtiyaç vardır. Bunaklık, çoğunlukla akıl melekesini kaybeden ileri yaştaki kimselerde görülse de nadiren, hastalık sebebiyle gençlerde de görülebilir.

AKIL, ŞEHVET VE GAZAP

Allah Teâlâ meleklere akıl verdi; şehvet ve gazap vermedi. Hayvanlara şehvet verdi; akıl vermedi. İnsanlara hem akıl hem şehvet ve gazabı verdi.

Akıl ile şehvet birbirine zıt iki varlıktır. Bundan dolayı akıl, şehvet ve gazabı kullanmakta kalbin veziri, danışmanı hükmündedir.

Şehvet, insana menfaati için verilmiştir. Yiyecek, giyinecek ve evlenecek ... Şehvet, insanın Allah'a itaat et-

mesinde beşerî hasletlerdendir. Yaratılışı tabiidir, ilâhîdir. Şehvetin üç hali, ifradı, tefridi ve itidali vardır.

Kezâ gazap da insana hayrı için verilmiştir. Canını, ırz ve namusunu, vatanını korumak gazap kuvvetiyle olur. Hiç gazabı olmayana kötülük yapmak çok kolaydır. Bunun da ifratı, tefriti ve itidali vardır. Dövmek, sövmek ifratı; gayretsizlik tefritidir. İtidali ise şecaattir.

Aklın da şubeleri vardır. Dünyada deliler hariç, ne kadar insan varsa, herkesin aklı vardır. Madem böyledir de yaptıkları fiiller, günahlar, sevaplar, isyanlar neden farklıdır? Aklı kullananların onu farklı amaçlar uğrunda kullandığı için değil mi? Şu halde akıl, hayra da şerre de götüren bir vasıta olmaktadır. Çünkü insanın vücudunda akla tesir eden kuvvetler vardır. Aklın kullanılması, gazap ve şehvet kuvvetinin terbiye edilip edilmemesine bağlıdır. Akıllıya "akıllı" dedirten, bu iki kuvvetin terbiyesidir.

Madem akıl herkeste vardır da şu kimse niye kâfir? Şu kimse niye veli? Şu kimse niye âsi? Şu kimse niye mutî? Bu farklılık kişinin dünyanın cazibesine kapılan gazap ve şehvet kuvveti sebebiyle aklını layıkıyla kullanamamasından neşet eder.

Akıl, şehvet ve gazap kuvvetine zıt bir kuvvettir. Aralarındaki ayrılık gece ile gündüz gibidir. Galip olan diğerini ezer.

AKLIN MANALARI

Hulâsatü'l-Hakâyık isimli kitapta, "akıl", "ikal" kelimesinden çıkmıştır, denilir. "İkal", devenin kaçıp gitmemesi için dizlerine bağlanan bağdır. Dizbağı manasına gelir. İkal, deveyi kaçıp gitmekten alıkoyduğu gibi insanı da şerlere gitmekten alıkoyan dizbağı hükmündedir.

Süfyân b. Uyeyne [radıyallahu anh] şöyle buyurmuştur: "Akıllı kimse, iyiyi ve kötüyü anlayan değil, iyiyi görünce alan, kötüyü görünce bırakandır" Vehb b. Münebbih hazretleri [radıyallahu anh] ise akıllar içinde en üstün akla sahip olanların peygamberler olduğunu, peygamberler arasında da Resûlullah Efendimiz'in [sallallahu aleyhi vesellem] aklından üstün bir akıl olmadığını, diğer insanların aklının, peygamberlerin aklı olan dağlar gibi hakikat yanında fındık, nohut tanesi gibi kalacağını bize beyan buyurmuştur. Hz. Ali de [radıyallahu anh] şöyle buyurmuştur: "Akıl öyle bir ağaçtır ki kökü takva, dalı hayâ, meyvesi vera'dır." Takva insanı zühde, Allah'tan gayrıdan yüz çevirmeye, yalnız O'na yönelmeye davet eder. Akıl ağacının dalı hayâ, insanı doğru sözlü olmaya, iyilik yapmaya, ümmet-i Muhammed'e merhamet ve rahmete; beşeriyete hayra koşmaya sevkeder.

AKIL ve NEFİS

İmâm-ı Rabbânî hazretleri *Mektûbât*'ında şöyle bildirir: İslâmiyet, akla tâbi olmayı emreder. Nefse tâbi olmayı da yasaklar. Çünkü tabiatı icabı akıl, İslâmiyet'e uymayı ister. Nefis ise İslâmiyet'ten kaçarak günahlara dalmayı ister. Akıl yaratılmasaydı insan hep nefsine uyardı; felaketlere sürüklenirdi. Bununla beraber, nefsin yaratılmasında da büyük hikmetler vardır. Nefis olmasaydı, insanın yaşamasında, üremesinde, medenî hayat için çalışmasında noksanlıklar meydana gelirdi. Böylece nefis ile cihad insanlara vazife oldu.

Nefsin şeytandan farkı nedir? Bizi şerre götüren kuvvet nefisten mi gelir, şeytandan mı? Eşrefoğlu Rûmî hazretleri bu hususu eserinde şöyle açıklamıştır: İnsanın

kalbine beş yerden ilham gelir. Şeytandan gelir, şeytanî ilham denir. Nefisten gelir, nefsanî ilham denir. Melekten gelir, melekî ilham; kalpten gelir, kalbî ilham denir. Allah'ın zatından gelir; rabbânî ilham denir.

Bu hal her insanda olur. Böyle olmasa hayırla şer seçilmez.

Nefsanî ilhamlar, sırf vesveseden ibarettir. Hep aynı yol üzerinde vesvese verir. Maksadına çeşitli yollardan ulaşmak istemez. Nefsanî ilham şerli ve kötü bir şeyi isterse, başka bir yola gitmeden hep onu ister. Acelecidir. Allah yolunun yolcuları bu vesveseden sakınmalıdırlar. Zararlı ve tehlikelidir.

Şeytanî ilhamlar, nefsanî ilhamlardan daha da şerlidir. Sırf fesattır. Şeytanî ilhamda, şeytan bir kötülüğü emrettiğinde, sahibi bunu sezip yapmaz ise o kötülüğü başka manevralarla değişik kötülüklere çevirir, başka bir kötülüğü icat eder. Kardeşim, sen vesveseye bir bak. Hep aynı şeyi istiyorsan, bu nefistendir. Manevra yapıyorsa, şeytandandır.

Padişahın biri, veziri ile beraber, tebdil-i kıyafetle halkın içine karıştılar. Ahalinin halini yakından görmek istediler. Sahile geldiler. Fakir bir adam balık avlıyordu. Padişah vezire, "Bu adam balığı keyiften mi avlıyor yoksa satmak için ihtiyaçtan mı avlıyor? Bir öğrenelim" dedi. Adama selâm verip neden balık tuttuğunu sordular. Adam, çok fakir olduğunu, tuttuklarını satıp evine yiyecek alacağını söyledi. Padişah, vezirine gizlice, "Bu adam ne ağırlıkta bir şey tutarsa, ona ağırlığınca altın verelim" dedi.

Balıkçı oltayı denize attı. Bir süre sonra bir kemik çıktı. Vezir kemiği aldı; saraya götürüp tartacak ve ağırlığınca

altını adama verecekler. Teraziye ne kadar altın koysalar kemikle eşitlenmiyor. Kemik hep ağır geliyor. Şaşırdılar. Âlimleri çağırdılar ve sordular. Âlimler dedi ki: "Bu kemik, insanın göz çukuru kemiğidir. İnsanın gözü doymaz." Nitekim hadis-i şerifte Resûlullah [sallallahu aleyhi vesellem] Kur'ân-ı Kerîm'de, *"İnsanın gözünü toprak doyurur"* buyurmuştur. Âlimler ilâve etti: "Teraziye biraz toprak ekin, iki altınla düzelir."

NEFSE MUHALEFET

Basralı ulu veli Mâlik b. Dînâr hazretlerinin nefsi sıcak paça istedi. Nefsinin bu isteğine asla boyun eğmedi. Nefsi de arzusundan vazgeçmedi.

Yıllar geçti. Bir gün pazara gitti.

Pazardan bir parça paça alarak cübbesinin altında gizledi. Küçük bir erkek çocuğu onu gördü. Çocuğun babası Mâlik b. Dînâr'ın dostu idi. Paçayı çocuğa verdi. Nefsi feryad ve figana başladı, beni paçadan mahrum ettin diye. Mâlik b. Dînâr hazretleri nefsine şöyle dedi: "Sabret. Bundan sonra sana paça verecek değilim. Zira arzun olan şeye seni bir derece yaklaştırdım ve hevesini kırdım. Ama sana esir olmam."

Bir defasında Mâlik b. Dînâr hazretlerinin canı incir istedi. Sekiz sene bu arzusuna karşı durdu. Nefsi de bu müddet zarfında ona hiç huzur vermedi. Nefsine dedi: "Ey bedbaht nefsim! Gel çarşıya varalım. İstediğini görmekle yetin."

Çarşıya gitti. İncir satılıyordu. Nefsi ona yalvardı: "Allah'ın izzet ve celâli hakkı için bana yaş incir al da yedir!" "Nasıl alayım? Cebimde metelik yok." Nefsi diretti: "Paran yoksa karşılığında ayakkabılarını ver de al.

Birkaç gün yalınayak dolaşıver, ne olur!" Bunun üzerine ayakkabısını çıkardı, eline alıp incir satan adama vardı: "Şunları al da, karşılığında bana biraz incir ver." Satıcı ayakkabıları aldığı gibi fırlattı. "Bunlar neye yarar ki karşılığında incir vereyim!" dedi. Mâlik b. Dînâr hazretleri ayakkabılarını giydi ve oradan bir an önce uzaklaşmak için hızlı adımlarla yürümeye başladı.

Bu sırada biri, incir satan şahsa yaklaşarak, "Şu ayakkabılarını fırlattığın adamın kim olduğunu biliyor musun?" diye sordu. Satıcı bilmediğini söyleyince, "O zat, meşhur evliyadan Mâlik b. Dînâr'dır" dedi. Satıcı, "Eyvah! Ben ne yaptım!" diyerek hemen bir tabağa incir doldurdu. Şeyhin peşinden koştu.

Başka biri de kölesini âzat etmeyi düşünüyordu. Olayı görünce, yanındaki kölesine, "Mâlik b. Dînâr tabağa konulan inciri yerse vallahi seni kölelikten âzat edeceğim" dedi. Bunu duyan köle, içinde incir olan tabağı satıcının elinden kaptığı gibi Mâlik b. Dînâr hazretlerine yetişti. Ona, "Ey şeyh, şu incirleri ye. Eğer sen bunları yersen sahibim beni kölelikten âzat edecek" diye yalvardı. Mâlik b. Dînâr hazretleri ona şu cevabı verdi: "Bu incirleri yersem sen âzat olacaksın ama ben köle olacağım. Ben Allah'a karşı günahkârım. Zira nefsimin istediğini vermeye çalıştım."

Bunun gibi, Allah Teâlâ'nın veli kulları nefisleri ile cihad etmek için, nefislerinin istediği şeyleri yemediler. Hatta soğuk su bile içmeyen nice evliya görüldü.

Resûlullah Efendimiz [sallallahu aleyhi vesellem] bir hadis-i şerifinde şöyle buyurdu: *"Akıllı kişi, nefsine hâkim olan ve ölüm sonrası için çalışandır. Âciz kişi de, nefsini duygularına tâbi kılan ve Allah'tan dileklerde bulunup durandır."* [1]

---

1   Tirmizî, Kıyâmet, 25.

Ahmak kimdir? İmam Gazâlî hazretleri *İhyâü Ulûmi'd-Dîn*'de aklın makam ve mertebelerini sayarken ahmağı şöyle tarif etmiştir: "Ahmak, niyeti doğru, gittiği yol yanlış olandır."

İhyâ'da bulunan bir hadis-i şerifte de şöyle buyruldu: "*İnsanın akıl gibi yüksek iktisabı olamaz. Akıl, sahibini iyiliğe ulaştırır, fenalıktan alıkoyar. Aklı kemale ermedikçe insanın dini müstakim, imanı kâmil olamaz.*"[2] İmanın kemalâtı aklın kemale ermesi iledir.

Hz. Âişe validemiz [radıyallahu anhâ] Resûlullah Efendimiz'e [sallallahu aleyhi vesellem] sordu:

- *Yâ Resûlallah, insanlar dünyada ne ile üstünlük kazanır?*

- *Akıl ile.*

- *Herkesin kıymeti ameli ile ölçülmez mi?*

Peygamber Efendimiz [sallallahu aleyhi vesellem],

- *Yâ Âişe, insanlar akıllarının aldığından fazla bir şey yapabilirler mi? Allah Teâlâ'nın kendilerine ihsan ettiği akıl nisbetinde amel ederler. Ondan sonra da amellerine göre mükâfatlandırılırlar,* [3] cevabını verdi.

Şu halde güzel amelin temeli akıldır. Akıl, illâ insanı felâha götürmek içindir.

Mü'minûn sûresinin başında Allah Teâlâ beyan buyurur ki: "*Gerçekten müminler kurtuluşa ermiştir. Onlar ki namazlarında huşû içindedirler. Onlar ki boş ve yararsız şeylerden yüz çevirirler*" (Mü'minûn 23/1-3). Başka bir âyette de, "*Allah'tan korkun ki kurtuluşa erebilesiniz.*" (Âl-i İmrân 3/130) buyrulmaktadır.

---

2   İbn Hacer el-Askalânî, *el-Metâlibü'l-Âliye*, 3/2765; Zebîdî, *İthâfü's-Sâde*, 1/754.

3   İbn Hacer el-Askalânî, *a.g.e.*, 3/2745; ; Zebîdî, *a.g.e.*, 1/757.

Yani Allah'tan gerçek manada huşû ve hudû ile korkanlar kurtuluşa ererler. O kimseler, korktuğundan emin olur, umduğuna nail olurlar. Felaha ermenin alameti, huşû ve hudû sahibi olmaktır. Yaşadığı hayatın halâvetle geçmesidir.

HALVET

Halâvet nedir? Allah Teâlâ'nın yolundaki ilâhî coşkunluk, cezbe ve muhabbettir. Yani akıl, bütün bu merhaleleri katettiriyorsa akıldır. Yoksa insanların yemek içmek gibi ihtiyaçlarını yerine getirmede kullanıyorsa, bu, tavukta da var, koyunda da. Akıl, dünya işlerinin icrasında elzem olduğu gibi ahiretin kazanılması için de şarttır. Dünyadaki muvaffakiyetsizlik bir derece üzüntü, gam ve keder getirse de ahiretteki mahcubiyet dünyadakinden çok daha fazladır.

Abdullah b. Abbas'tan [radıyallahu anh] rivayet edilen hadis-i şerifte, Resûlullah [sallallahu aleyhi vesellem] şöyle buyurdu: *"Her şeyin bir âleti, hazırlık ve istidadı vardır. Müminin aleti akıldır. Her şeyin bir bineği vardır. Kişinin bineği aklıdır. Her şeyin bir direği vardır. Dinin direği akıldır. Her kavmin bir dayanağı vardır. İbadetin dayanağı akıldır. Her kavmi çağıran bir davet vardır. Âbidleri ibadete çağıran, Allah'a koşturan akıldır."* [4] Yani akıl ayırt edici ve anlayıcı bir kudrettir. Hayrı ve şerri anlar ve ayırt eder.

Anlaşılmayan şeyleri bilinen şeyler sanmak, akıllı olduğunu zannedenin yanılmasıdır. Yani akıllı kimse, anlaşılmayan şeylerin peşinden gitmez.

---

4 İbn Hacer el-Askalânî, *a.g.e.*, 3/2746; Zebîdî, *a.g.e.*, 1/758.

AKLIN ÇEŞİTLERİ

Mütevâdî ve müşekkik akıl nedir? Mütevâdî akıl, bir cins içinde bulunanların hepsinde eşit miktarda bulunan akıldır.

Mütevâdî akıl, peygamberlerle her insanın vasfında müşterektir. Bu akılda üstünlük olmaz. Müşekkik ise bir cins içindeki fertlerin hepsinde eşit miktarda bulunmayan sıfattır. İlim gibi. Bu akıldaki insanlar birbirlerinden farklı sınıflara ayrılırlar. En yüksek akıl ile en aşağı akıl arasında binlerce derece fark vardır.

Akıl iki sınıftır: Selim akıl ve sakim akıl.

Selim akıl: Selim kalpli olanın aklı, selimdir. Akl-ı selim, nuranî zatların aklıdır. Selim akıl, yanılmaz. Pişman olacağı bir harekette bulunmaz. Doğru düşünür, doğru yolu bulur.

Sakim akıl: Selim aklın tam tersi olan akıldır. Düşüncelerinde ve yaptığı işlerde yanılır. Akl-ı selim olanlar, akl-ı sakimleri hidayete götürmekle görevlidir. Bunun için mürşidler akl-ı selimdir. Bizim işlerimizde isabet olduğu gibi hata da günah da olur. Sakim akıllıların çoğu dünya işlerinde başarıyı yakalar. Çünkü helâl ve haramı, ahiretteki azabı düşünmediklerinden yaptıkları işi başarı sanarak günaha girerler. Ama Allah yolunda beceriksiz kalırlar.

AKIL ve ZEKÂ

Akıl ile zekâyı birbirine karıştırmamak gerekir. Zekâ, sebep ile netice arasındaki bağı kurmaya yarar. Benzeyiş ve farklılıkları anlamaya yarar. Zekâ için çeşitli tarifler yapılmıştır. Bazılarını nakledelim: Zekâ, icap ve vaziyetlere

zihnin en iyi şekilde uymasıdır. Zekâ, düşünebilme kuvvetidir. Düşüncelerin doğru olabilmesi için akıl lazımdır.

Zeki insan, düşüncelerinin doğru olması için birtakım prensiplere ve bir kısım ilme muhtaçtır. Her gün kıldığı namazın ilmini bilmeyen akıllı mıdır? Amel, ilimsiz olursa hiçbir işe yaramaz. Bir kimsenin, yaptığı ibadetin ilmini bilmesi farz-ı ayındır.

Din işleri akıl üzerine kurulamaz. Çünkü herkesin aklı birbirine uymaz. Selim akıl sahipleri, peygamberler ve vârisleri, din hükümlerinin hepsinin pek yerinde ve doğru olduklarını açıkça görürler. Akılla dinî meseleleri izaha çalışan maddeciler ise akılları dışında bulunan meselelerin çoğunda yanılmışlardır. Böylece ilâhî hakikatlerden sapmışlardır. Bugün dünyada 5-6 milyar insanın içinde dosdoğru yolu bulanlar bir avuçtur. Ölçü Kur'an'dır, hadistir, peygamberdir. Bunlara uymayıp asrın felsefesine ve materyalist düşünceye uyan kimsenin iman ve âkıbeti tehlikeye girer.

PEYGAMBERLİK ve AKIL

Peygamberlik makamı aklın ve düşüncenin dışındadır, üstündedir. Peygamber yanılmaz. Allah Teâlâ'nın fermanıyla günahsız yaşar. Peygamberlerin şeriat meselelerini akılla çözmeye kalkmak; akılla, İslâm'ın ibadet ve taatindeki meseleleri bozmak, insanın imanının kaybolmasına sebep olur.

Allah Teâlâ hazretleri, *"Biz, bir peygamber göndermedikçe kimseye azap edecek değiliz"* (İsrâ 17/15) buyurmakla, peygamber gönderilmeyen hiçbir kimseyi mesul tutmamıştır. Yeter ki tevhidi bilsin. Bir adam Sibirya'da bir

başına yaşıyor olsa, hiç kimse ile irtibatı olmasa, kâinata bakarak, bu mevcudatın bir yaratıcısı olduğunu tefekkür ederse, o kimse iman etmiş olur. Ama bugün dünyada hiçbir yer kalmadı ki her şeyden habersiz olsun. Artık Allah'ı bilmeyen, peygamberi duymayan kavim kalmadı. İdraki ve zekâsı olmayanlar iman etmiyorlar.

RİSÂLE-i NÛR'DAN İLMÎ ve İMANÎ TAHLİLLER

Eşyanın hakikatini anlamak isteyen insan, iman gözüyle eşyaya baktığında, orada üç hakikatle karşılaşır:

Birincisi ahirete bakan yüzüdür. Çünkü dünya, ahiretin tarlasıdır. Burada ne ekilirse orada o biçilir.

İkincisi esmâ-i hüsnâya bakan yüzüdür. Bir mektep ve tezgâhtır. Eşyada, mevcudatta, mükevvenatta nereye bakarsan Allah'ın birliğini, kudretini ilmini gösterir.

Üçüncü yüzü, kasten, bizzat dünyanın kendisine bakar. Manayı ismiyle elma elmadır. Manayı harfiyle elmaya bakılırsa, sebep de müsebbibe götürerek, yaratanı (Allah'ı) gösterir.

Kur'an'ın dört küllî maksadı vardır.

1. Vâcibü'l-vücûdun, Allah'ın birliğini gösterir.

2. Nübüvveti gösterir. Allah'a iman eden, peygambere iman eder. Allah'a itaat eden, Resûlullah'a [sallallahu aleyhi vesellem] itaat eder.

3. Haşri gösterir. Muhakkak bu dünya fânidir. *"Her canlı, ölümü tadar. Bir deneme olarak sizi hayırla da şerle de imtihan ederiz. Ve siz, ancak bize döndürüleceksiniz"* (Enbiyâ 21/35).

4. Adaleti gösterir, şehvet kuvvetinin iffete, gazap kuvvetinin şecaate, ilmin hikmete dönmesi ve bunların mecziyle adalet meydana gelir ki adalet olmazsa akl-ı selim de olmaz.

Tevhidde bu seviyeye ulaşmak için eşyaya bakınca, eşyanın iki cihetinin var olduğunu görmelidir. Birinci ciheti yaratıcıya, diğer ciheti halka bakan yönüdür. Halka bakan yön, Hakk'a bakan yöne bir tenteli perde gibidir. Binaenaleyh nimete bakıldığı zaman mün'im-i hakikiyi (nimeti veren Allah'ı), sanata bakıldığı zaman sânii, sebeplere bakıldığı zaman da müsebbib-i hakikiyi görmelidir. Tevhidin bu mertebesine ulaşan insan, eşya üzerinde Rabb'e ait bütün ilâhî mühürleri görür.

Cenâb-ı Hakk'a mahsus, taklidi mümkün olmayan en açık mühürlerden biri, hadde hesaba gelmeyen muhtelif eşyayı basit bir şeyden yaratmasıdır. Bu yaratma babında Kur'an bize delillerle, âyetlerle haber verir. Kimisi gördüğü dış manzaralar karşısında ihtizaza gelir. Kimisi korku ve dehşet halleri karşısında intibaha gelir. Kimi insan bir göz kırpması ile uyanırken kimisi de katı bir darbe ile kendine gelir. Yani Allah, kimisine hastalık vererek intibaha getirirken kimisine de ailevî sorunlar verir. Kimileri yığınlarla delil görür de inanmaz, gaflette kalır. İnsan bu delillere bakarak Allah Teâlâ'nın eserlerinden isimlerini, isimlerinden sıfatlarını, sıfatlarından zatını düşünmelidir.

Tevhid iki çeşittir. Biri, amiyane tevhiddir ki, "Allah'ın şeriki yok. Bu kâinat O'nun mülküdür" der. Bu kısım tevhidde, sahiplerinin fikirce gaflete ve dalâlete düşmelerinin korkusu vardır. "Allah'ın şeriki yok. Kâinat O'nundur" der ama ne Allah'a teslim olur ne kudretine hayran kalır ne de emrettiği ibadetleri yapar. İkinci kısım tevhidde ise,

"Allah birdir. Mülk O'nundur. Vücud O'nundur" der. Bu kısım tevhid sahibi, her şeyin üstünde Cenâb-ı Hakk'ın mührünü görür. Dalâlet ve evhamdan kurtulur. Bu adam artık çürümüş zihniyetlere ve asrın modalarına itibar etmez. Tasavvuf da taklidî imandan sıyrılıp tahkikî imanı elde etmek içindir.

Kur'an tevhidi anlatırken kâinatı bir vitrin, hayatı sergi yapar ve ulûhiyyet gerçeğini seyrettirir. Böylece idrak sahibi insan varlığın her yanını gerçekten görür. Dikkat edilirse, "idrak sahibi" deniliyor, "akıllı" değil. Aklımızı, kalbimizi ve hislerimizi göklerdeki ve yerdekileri düşünmeye sevketmek Kur'an'ın emridir. Bu kâinatın hâlikını hiç mi tefekkür etmezsiniz? Kâinat imanla bakıldığında umumi bir matemhane görünüşünden çıkar, bir zikir meclisi olur. Kediye bakarsan mırmırlarıyla "Yâ Rahîm, yâ Rahîm" çekiyor. Kurbağaya bakarsan zikrediyor.

Allah hepimize hakikat-i ilâhiyyeyi idrak etmeyi nasip eylesin. Âmin.

İKİNCİ BÖLÜM

GAZAP ve ŞEHVET KUVVETLERİNİN
AKIL ÜZERİNDEKİ ETKİSİ

İmam Gazâlî hazretleri, *İhyâü Ulûmi'd-Dîn*'in üçüncü cildinde aklın iki manasını şöyle şerhetmiştir: Birincisi, eşyanın hakikatini bilmekten ibaret olan akıldır ki kalpte bulunan ilim sıfatından ibarettir. İkincisi, akıl denilmekle, ilimleri anlayan manası murad olunur ki, o zaman da kalbin kendisi olur.

Eşyanın hakikatini bilmek bu asırda mümkündür. Eşyanın varlığını, birbirleriyle münasebetlerini, kimyasal yapılarını, teknolojide kullanılmasını müsbet ilimde fazlasıyla görüyoruz. İmâm-ı Rabbânî hazretlerinin beyanıyla eşyanın hakikatini bilmekten maksat, eşyayı yaratanı tanımak, eşyayla Allah'ın azametini idrak etmek

ve eşyayı kullanmak suretiyle Allah'tan gafil olmamaktır. Yoksa, yalnız eşya ile münasebettar olmak müsbet ilimlerin bir neticesi olur ki bugünkü ilimler, fizik, kimya, biyoloji, astronomi ... bunu bize gösterir. Yalnız bu bilgiler, insanların Allah'ın azametini bilmesine yeterli değildir. Bunun için bugün dünyada, müsbet ilimlerde en yüksek payeye çıkan bilim adamları, Allah'ın azamatini idrakte, İslâm'ın hakikati olan peygamberleri tasdikte, Allah Teâlâ'ya kullukta ne yazık ki noksan kalmaktadırlar.

Resûlullah Efendimiz [sallallahu aleyhi vesellem], akıldan maksadın, idrak edenin kendisini, yaratılışını, ahiret âlemini, Allah Teâlâ'nın azametini, peygamberler gönderilmesinin hikmetini idrak etmek olduğunu bildirmiştir.

Akıl, hem dünya hayatının tanziminde hem ahiret hayatının kazanılmasında rolü olan latif ve nuranî bir varlıktır. Kalp ise cismanî ve ruhanî kalp olarak iki bölümde incelenebilir. Kalp, cismanî cihetiyle beşerî hayatiyet sağlayan dolaşım sisteminin mekanizmasının pompası oduğu gibi ruhanî cihetiyle de Allah'a itaatin merkezidir.

KALBİN ASKERLERİ

Kalbin iki cins askeri vardır. Birinci cinsi gözle görülen askerleri, ikincisi gözle görülmeyan nuranî, latif askerleri.

Gözle görülen askerler, kalbe yardım eden organlardır ki el, ayak, göz, kulak, dil ve diğer âzalardır. Bunların hepsi kalbin emrinde ve hizmetindedir. Kalp, bu âzalarda dilediği gibi tasarruf eder, onları istediği istikamete sevkeder. Allah Teâlâ bu âzaları kalbe itaatkâr yaratmıştır. Göze görmek, ayağa yürümek, dile konuşmak emredildiği zaman, bunlar asla karşı gelmezler. Diğer âzalar da böyledir. Meleklerin Allah Teâlâ'ya itaat etmesine benzerler.

Melekler, nefisleri olmadığından ve şeytanın kendilerine tasarrrufa gücü yetmediğinden Allah Teâlâ'ya zevkle itaat ederler. Bediüzzaman hazretleri, "Melâikenin Allah'a ibadet ve taatlerindeki lezzet, yaptıkları işlerin içindedir" buyurur. Mesela bir arı bal yaparken çiçeklere gider, kovana gelir, balı teşekkül ettirir. Arı bu işten latif bir zevk alır. Eğer arı bal yapmaktan lezzet almasaydı, hiçbir arı yedi dağdan çiçek toplayıp bal yapmazdı. Bunun gibi âzaların kalbe itaatinden âzalar bir lezzet, bir haz duyarlar. Ancak şu noktada ayrılırlar ki meleklerin itaati bilerek ve şuurludur ama âzalarımızın itaati şuurlu değildir.

Kalbimiz Allah'a itaat konusunda çalışırken, askerler olarak tarif ettiğimiz organlarımız, Allah'a yolculukta yardım içindir. Mesafeleri aşarak Allah'a ulaşmak içindir. Bunun için Allah Teâlâ hazretleri, *"Ben cinleri ve insanları, ancak bana kulluk etsinler diye yarattım"* (Zâriyât 51/56) buyurmaktadır. Demek biz insan olarak Allah'ı bilmekle ve O'na kulluk etmekle mükellefiz. Allah'ı bilmek imandır, itikaddır. Daha sonra ibadet ve taat gelir.

Kullukta iki görev var: İbadet ve itaat. İbadetler, namaz, oruç, hac, zekât ... itaatler ise yüzlercedir. Yalan söylememek, harama bakmamak, gıybet etmemek, güzel ahlâklı olmak ... Hakeza.

Şehvet ve gazap kuvvetimizi Kur'an ve hadislerin istediği noktada itidale çevirerek amel işlersek, aklımızı da Allah'ın istediği şekilde ıslah edersek ve böylece kullanırsak, buna amel-i salih denir.

Vucüdumuzla kalbimiz bizi Allah'a götürüdüğü için bu bedene bakmak, onu korumak zorundayız. İslâm dininde ve diğer semavî dinlerde bedene bakmak farzdır. "Canımdan bıktım usandım!" diye intihar etmek hiçbir

dinde yoktur. İntihar etmek yasak olduğu gibi başkasını öldürmek de yasaktır. İnsan canına hakkıyla bakmak zorundadır. Evlilikle birlikte hanımına ve çocuklarına bakmak da farz olur.

Kalbin askerleri dediğimiz kuvvetler üç sınıftır.

Birinci kuvvet irade olup muharrik ve teşvikçidir. Şehvet ve gazap gibi kuvvetler irade ile yönetilir.

İkinci kuvvete kudret denilir. Kudret, vücut dediğimiz bütün organlarımızı harekete geçiren enerjidir.

Üçüncü kuvvet idraktir. İdrak kuvveti, görme, duyma, tatma, koku alma, dokunma gibi hislerle elde edilir.

İşte bu kuvvetler hem zâhiri hem de bâtınî kuvvetler olur.

Kalbin anlattığımız, kendine has vazifesinin yanı sıra bir de dimağ boşluğundaki beyinle olan ilişkisi vardır. Kafatasındaki boşlukta hafıza kuvveti bulunur.

Bir şeyin hakikatini anlamak için bildiği ilimlerle elde ettiği idraki çok zaman düşünmeye, tasavvur etmeye hayal denir. Kafatasında muhafaza edilen düşünceyi birbirine katmaya veya bölüp parçalamaya kuvve-i müfekkire; sonra bütün duyduklarını bir araya toplamaya da hiss-i müşterek denir.

Hiss-i müşterekte hayal, tefekkür, tezekkür, hıfz kuvvetleri vardır.

Yapacağı işlerin hayrını, şerrini ve ondan meydana gelebilecek hukuku düşünmeye tefekkür denir. Tefekkürdeki kuvvet, ahirette ziyanlı çıkmamak, şedit bir azaba düşmemek için yapılacak işlerin ilâhî muhakeme ve muhasabesidir.

GAZAP ve ŞEHVET KUVVETİ

İnsana hükmeden, aklın icra edeceği, sahip olacağı iki kuvvet, gazap ve şehvet kuvvetleridir. Bu iki kuvvet ya insanı helâke götürür, Allah'tan uzaklaştırır ve binlerce günaha girmesine sebep olur veya terbiye edilirse kâmil bir insan olmasına sebep olur. Bunun için de ilim, hikmet ve tefekkür gibi kuvvetler lazımdır. Allah yolundaki yolcunun bunları sevk ve idare etmesi en kudsî vazifesidir. İlim, hikmet ve tefekkür kuvvetleri, gazap ve şehvet kuvvetine karşı Allah'ın lutfetmiş olduğu nuranî kuvvetlerdir.

Daha önce de ifade ettiğimiz gibi gazap kuvveti ile şerler defedilmeli; kendisine, ailesine, vatanına, dinine, namusuna uzanan eller uzaklaştırılmalıdır. Kezâ şehvet kuvveti ile de bedenini ve ailesini beslemelidir. Bunların ikisi de meşru ve helâldir. Ama bunlar nefsin elinde esir olduğu, ifrada ve tefride kaçtığı zaman zararın hududu yoktur. Akılla sevk ve idare edersek itidallerine yani Kur'an'ın ve hadisin istediği hukuka çevirmek lazım gelir. İşte müminin asıl görevi budur.

İnsanda nefis olduğunu biliyoruz. Nefsin emmâre dediğimiz makamında kin, gazap, şehvet, hırs, doymaz ihtiras ... vardır.

Şehvet, erzak taşımak için hizmetçi iken, hilekâr, yalancı ... hale de girebilir.

Bunları kontrol edecek bir kuvvete ihtiyaç vardır ki işte bu akıldır. Kalp bir hükümdarsa akıl da onun müsteşarı, danışmanıdır. Gazap, hile yapar, şehvet doymaz. Hizmeçti olan askerlere aklın kudreti ile terbiye vermek lazım gelir ki Allah'a itaatkâr olsun. O zaman şehvetle

gazabı kırmak için şehvetle gazabı birbirinin karşısına çıkarmak suretiyle nefsin ahlâkını güzelleştirmek lazım gelir ki kişinin kuvvetleri itidale dönsün. İtidal bu kuvvetlerin Kur'an ve hadisle tarif edilen şeklini yerine getirmek demektir. İşte akıl, bu kuvvetleri itidale getirmek içindir. Bunun için Allah Teâlâ buyuruyor: *"Hevâ ve hevesini tanrı edinen ve Allah'ın (kendi katındaki) bir bilgiye göre saptırdığı, kulağını ve kalbini mühürlediği, gözünün üstüne de perde çektiği kimseyi gördün mü? ..."* (Câsiye 45/23) ve, *"... Fakat o, dünyaya saplandı ve hevesinin peşine düştü. Onun durumu tıpkı köpeğin durumuna benzer: Üstüne varsan da dilini çıkarıp solur, bıraksan da dilini sarkıtıp solur. İşte âyetlerimizi yalanlayan kavmin durumu böyledir ..."* (A'râf 7/176). Bu iki âyet-i celilede de buyrulduğu gibi şehvetin makbul olmayan, dünya ve ahirete yaramayan hislerine hevâ denilir. İnsan, nefsinin hevâsına uyarsa onu ilâh edinir.

İSM-İ ÂZAMI BİLEN ÂLİM

A'râf sûresi, 176. âyetinde Bel'am b. Bâûrâ'ya işaret edilmiştir. Bel'am b. Bâûrâ, ism-i âzamı bilen çok büyük bir âlim. Yûşa [aleyhisselâm] askerleri ile Eria şehrini fethetmiş, Belka'ya, Bel'am b. Bâûrâ'nın olduğu şehre doğru ilerlemektedir. Şehrin hükümdarı Belak ise Musa'nın [aleyhisselâm] ve ondan sonra gelen Yûşâ'nın [aleyhisselâm] dinine uymamış bir kâfirdir.

Hükümdar Belak, Hz. Musa ve Hz. Yûşa'nın [aleyhimesselâm] dinine girmek yerine Yûşa'nın [aleyhisselâm] ordusunun şehre girmemesi için çare düşünmektedir. Bunun için Bel'am b. Bâûrâ'ya müracaat eder. Çünkü o, duası Allah tarafından kabul edilen bir zattır.

Bel'am b. Bâûrâ, "Yûşa [aleyhisselâm] bir peygamberdir. Ben ona karşı koyamam" dese de hükümdar çok ısrar eder. Mal mülk teklif eder, hediyeler verir. En sonunda ölümle tehdit eder. Yûşa peygambere beddua etmesini ister.

Hakem olan akıl, bir velinin bir peygambere beddua etmesinin mümkün olmayacağını düşünemez mi! Eğer bu akıl kitaba, sünnete uymadıysa, az önce ifade ettiğimiz nefsin esareti altında itidale girmemiş, azgın sıfatlarda ise, âkıbetini idrak edemeyip, tehditler altında hiç kimsenin yapamayacağı çirkin işi yapabilir.

Bel'am b. Bâûrâ sonunda, eşeğine binip, Yûşa'ya [aleyhisselâm] beddua etmek üzere Hüsban dağına doğru yola çıkar. Bunu aklın kabul etmesi mümkün değildir.

Şehvetle gazap galip gelirse aklı esaret altına alabiliyorlar. Dünyada ne kadar insan varsa, hepsinin bir aklı var. Ama bu akılla İslâm dinini bulmak hususunda müşkülat çekiyorlar. Müsbet ilimlerle nice icatlar yapılıyor. Bu akıl, beşerî münasebetleri tanzim etmeye yetiyor da, insanı Allah'a götürecek idrakten, tefekkürden ve ilimden mahrum olursa, bu akıl onların elinde esir olmuyor mu! İşte akıl terbiye edilmezse sadece dünya menfaatinde kullanılır. Bir el feneri düşünelim. Bu el fenerini yolumuzu bulmak için kullanabileceğimiz gibi bir hırsız da hırsızlık yapmak için kullanabilir. El fenerininin suçu yok; kullananın suçu var. Akıl da bu el feneri gibidir.

Bel'am b. Bâûrâ, Hüsban dağına doğru yol alırken eşeği yere yattı. Allah Teâlâ bununla kendisine bu işten vazgeçmesini hatırlattı. Eşeğe vura vura kaldırdı. Az sonra eşek yine yattı. Zorlayarak yine kaldırdı. Biraz daha gitti ve eşek üçüncü defa yattı. Dile geldi: "Ey

Bel'am, Yûşa peygamber binlerce melâike ile Allah'ın dinini yaymaya geliyor. Sen ise peygambere beddua etmeye gidiyorsun." O sırada şeytan, insan sûretinde göründü: "Ey Bel'am, hiç eşek konuşur mu? Şeytan eşeğin karnına girmiş, o konuşuyor" dedi. Bel'am b. Bâûrâ bu söze inandı. Yeniden Hüsban dağına yöneldi. Oraya varınca ellerini açıp Yûşa peygamber için beddua etmeye başladı. Aslında Bel'am b. Bâûrâ her ne kadar Yûşa'ya [aleyhisselâm] beddua etmek istese de dilinden Belka ahalisine ve hükümdarına beddualar dökülüyordu. Ahali onu uyardı: "Vallahi benim dilim artık beni dinlemiyor." Dili göbeğine kadar sarktı ve kâfirlerden oldu.

Bel'am kâfir olduğunu anladı. Hükümdara şöyle dedi: "Ben nasıl olsa dinden imandan çıktım. Ama sana bir şey öğreteceğim. Allah Teâlâ zinayı sevmez. Kendi karın ve kızın da dahil olmak üzere şehrin bütün kadın ve kızlarını Yûşa'nın [aleyhisselâm] ordusunun karşısına çıkar. Onlarla zina etsinler. Allah onları helâk eder." Peygambere beddua ettiğine tövbe etmesi lazım gelirken o, Yûşa'nın [aleyhisselâm] askerlerini zinakâr hale soktu. Her gün Yûşa'nın [aleyhisselâm] askerlerinden 70.000 kişi vebadan öldü.

YAPTIKLARIMIZ ALLAH'IN KİTABINA UYUYOR MU?

Muhteremler, hepimizde akıl var ama şehvet ve gazabımız da var. Eğer yapacaklarımızı ve yaptıklarımızı Allah'ın kitabına ve ilmine uyuyor mu diye kontrol etmezsek helâk olmaktan kurtulamayız. Allah Teâlâ buyuruyor: *"Rabb'inin makamından korkan ve nefsini kötü arzulardan uzaklaştıran için ise şüphesiz cennet yegâne barınaktır"* (Nâziât 79/40-41).

Şöyle hulâsa edelim: İnsanda şehvet ve gazap kuvveti var. Bu iki kuvvet nefsin emrine verilmiş. Bu nefsi tahkim eden şeytan da nefisle birleşmiş. Bunun üstüne de akıl konmuş. Şu halde bizler şehvet kuvvetiyle mi karar veriyoruz, gazap kuvvetiyle mi? Nefsimiz bizi kandırmak suretiyle aldatıyor mu? Şeytan da nefsimizi kandırarak bizi iyice baştan çıkarıyor mu? Başımızdaki akıl, akl-ı selim mi, cerbeze mi, ahmak akıl mı, diye düşünmek lazım gelir. Hz. Câbir'den [radıyallahu anh] rivayet edildiğine göre, savaştan dönen bir topluluk Resûlullah'ın [sallallahu aleyhi vesellem] yanına uğradı. Resûl-i Ekrem [sallallahu aleyhi vesellem] o topluluğa, *"Siz hayırlı bir dönüş ile küçük cihaddan büyük cihada döndünüz"* buyurdu. Orada bulunanlar, "Ey Allah'ın Resûlü, büyük cihad nedir?" diye sorunca, şu cevabı verdiler: *"Kulun nefsi ile yaptığı cihaddır"* [5] buyurdu. Harp, ömrünüzde birkaç defa geçer. Halbuki nefsinizle her gün bin kere harp ediyoruz.

Hz. YUSUF'UN İMTİHANI

Yusuf sûresinde zikredildiği üzere, Hz. Yusuf'u [aleyhisselâm] gören kadınlar, *"...(Şaşkınlıklarından) ellerini kestiler ve dediler ki: Hâşâ Rabbimiz! Bu bir beşer değil... Bu ancak üstün bir melektir! "* (Yusuf 12/31) dediler.

Hz. Yusuf [aleyhisselâm] o kadar güzel ki Mısır azizinin hanımı Züleyha, kendisine şehvet duygusuyla yaklaşmak istedi. "Sürur evi" denilen ufak bir saray yaptırdı. Melikin hanımı olmasına rağmen burada, Yusuf [aleyhisselâm] ile zina yapmak istedi. Ama Yusuf [aleyhisselâm] Allah'ın korumasıyla ona karşı geldi ve sürur evinden kaçtı. Züleyha arkasından koştu. O sırada karşısında Mısır azizini görünce

5 Beyhakî, *Kitâbü'z-Zühd*, nr. 373 Hatîb, *Târîh-i Bağdât*, 3/523-524.

bir de iftira attı: "Ey melik, senin hanımına göz diken şu köleyi görüyor musun? Onu en azim şekilde cezalandır!" Ondan gazap kuvveti ile intikam almaya çalıştı.

Bebekken konuşan on çocuktan biri de Yusuf'a [aleyhisselâm] şahitlik eden bebek. Mısır azizinin akrabalarından olan bu bebek dile geldi: "Eğer Yusuf'un yırtılan gömleği arkasından yırtılmışsa, Züleyha onu kendine çekmek için tutmuştur ki suçlu olan Züleyha'dır. Gömleği önden yırtılmışsa, Züleyha kendini korumak istemiş ve suçlu Yusuf'tur." Bunları beşikteki bir çocuk söyledi.

Kur'an'ın âyeti, peygamberlerin şehadeti ile beşikteki çocuğun konuşması sabit olunca, bu bizim idrakimizin üstünde, vahiyle risaletten gelen akıl oldu ki, bu akıl hakiki akıldır.

Kölesi ile zina yapmak istemiş diye, halk Züleyha hakkında dedikodu yapmaya başladı. Bunun üzerine, Züleyha annemiz dedikodu yapan saraya mensup kadınları topladı. Hepsinin eline birer tane keskin bıçak verdi ve elma ikram etti. Yemelerini söyledi. Kadınlar bıçakla elmalarını soyarken içeriye Hz. Yusuf'u [aleyhisselâm] soktu. Onu gören kadınlar, elma kesiyoruz diye parmaklarını kestiler de acısını duymadılar. O kadınlar Yusuf'u [aleyhisselâm] görünce, *"Bu bir beşer değil ... Bu ancak üstün bir melektir!"* (Yusuf 12/31) dediler. İşte bu, şehvet ve nefsin bedenî zevkinin misalidir.

ALLAH TEÂLÂ'NIN RIZASI ASIL GAYE OLMALI

Allah Teâlâ'ya ulaşmayı gaye, ahireti karargâh, dünyayı barınacak bir ev; bedenini, bineceği bir ahiret biniti kabul etmeli; idrak edenin kendisi de memleketin orta-

sında oturan hükümdar gibi, memleketin ortası demek olan kalbe oturmalıdır. Beynin ön tarafına yerleştirilen kuvve-i hafızayı da hazine vekili yani maliye bakanı kabul etmelidir. Çünkü her şey beyinde saklanıyor. Dilini tercüman, hareket uzuvlarını kâtip, beş duyusunu casus gibi, her birine ayrı ayrı vazife vermelidir.

Anlaşılıyor ki akıl, insanı hidayete götürmek içindir. Şehvet ve gazap aklı esareti altına alıp da kullanırsa ahirette nasipsizliğe; şehvet ve gazap terbiye olur da itidallere çevrilirse, o akıl, akl-ı kâmil olduğundan insanı iki cihan saadetine ulaştırır.

KÜPTEKİ ŞARAP ŞERBET OLUNCA

İstanbul Beşiktaş sırtlarında türbesi olan Şeyh Yahya Efendi hazretleri, Kanûnî Sultan Süleyman'ın sütkardeşidir. Kanûnî Sultan Süleyman, Yahya Efendi'nin annesinin sütü ile beslenmiştir. Konumuza açıklık gelmesi için Yahya Efendi hazretlerinden birkaç misal verelim.

Yahya Efendi Trabzonlu. Kanûnî Sultan Süleyman da Trabzon'da doğdu.

Trabzonlu bir Rum gemici Trabzon'dan İstanbul'a gelirken Karadeniz'de müthiş bir fırtınaya tutuldu. Elini semaya kaldırıp Allah'a yalvardı. Trabzonlu olduğu için Yahya Efendi'nin kemalâtını biliyor. "Ey yüce Rabbim! Bizi batmaktan kurtarırsan, Trabzonlu Yahya kulun hürmetine bizi sağ salim İstanbul'a çıkarırsan, Yahya Efendi'ye en iyisinden bir küp şarap hediye edeceğim" diye adak adadı.

Allah Teâlâ Rum gemiciyi İstanbul'a ulaştırır. Rum gemici, sora sora Yahya Efendi'nin tekkesini bulur. En iyi

şaraptan da bir küp şarap getirir. O beladan çıktığı için, kurtulmanın sevinci ile müslümanın şarap içmediğini düşünemez.

Rum gemici, yanındaki tayfalarla şarap küpünü getirip Yahya Efendi'ye, "Allah bizi denizde boğulmaktan kurtardı. Ben de vaadimi yerine getirdim. Kusurumu bağışla, şu hediye küpünü kabul et" der. Bu sözleri duyan müslümanların gözleri hayretle açılmasına rağmen, Yahya Efendi, "O küpteki şaraptan bize bir tas getirsenize" diye buyurur. Orası tekke, cemaat derviş. Yahya Efendi nasıl böyle der! Herkes şaşkın.

Küpten bir tas şarap doldururlar. Yahya Efendi, kendisine de sunulan tası ağzına götürüp birkaç yudum içer ve dostlarına, "Hediyeyi kabul etmek sünnettir" der. Diğer dervişlerinin de içmelerini buyurur. Herkes irkilir. Kimse bir şey diyemez. Ama taslarla şarabı sûfîlere tevdi ederler. Bir de bakarlar ki içtikleri mis gibi kokan nar şerbetidir. İşi idrak eden Rum gemici, "Ey yol güneşi, işte huzurunda müslüman oluyorum" diyerek kelime-i şehadet getirir. O da anlamıştır ki küp dolusu şarap Allah'ın hikmeti, velinin kerameti ile nar şerbetine dönmüştür.

NEME GEREK, NEME LAZIM

Evliya Çelebi şöyle nakleder: Kanûnî Sultan Süleyman Osmanlı imparatoru, süt kardeşi Yahya Efendi de evliya-i kibardan oldu. Kanûnî Sultan Süleyman, Yahya Efendi'ye (ağabey) derdi.

Bir gün Kanûnî Yahya Efendi'ye bir hatt-ı şerif (sultanın gönderdiği mektup) gönderdi. "Sen ilâhî sırlara ve ilimlere vâkıfsın. Lutfet, kerem et, Osmanoğulları'nın

âkıbeti ne olacak? Bize haber ver. Neslimiz devam edecek mi? Kesilip yok mu olacak? Böyle olacaksa hangi sebeplerden olacak? Lutfet" yazıyordu.

Yahya Efendi hazretleri mektubu okudu ve mektubun arkasına iri harflerle "Neme gerek, neme lazım" yazdı. Sonra padişaha gönderdi. Kanûnî bu cevaptan, "Bana ne gerek, bana ne lazım" yani Osmanoğulları'nın âkıbetinden bana ne manasını çıkarttı.

Bir gün Yahya Efendi'nin tekkesine gelen Kanûnî, Yahya Efendi'ye sordu: "Niçin mektubuma, 'Neme gerek, neme lazım' deyip başka cevap vermedin?" Yahya Efendi hazretleri şöyle buyurdu: "Padişahım, ifadem cevap vermemek değil bilakis sualinize cevaptı. Zulüm ve haksızlık yayılır. Bu herkesin vücudunda da olur, evinde de olur, vatanında da olur. Zulüm ve haksızlığı görenler, 'Neme gerek, neme lazım' deyip haksızlıkları önlemeye çalışmazlarsa; koyunu kurt değil çoban yerse, bunları görenler söylemeyip gizlerse, gariplerin feryadı göklere yükselirse, fakat yetkililer bu feryatları işitmezse, kişinin menfaati devletin menfaatinin önüne geçerse, işte o zaman Osmanoğulları'nın yok olmasından korkulur. Bunları arzetmek istedim."

Muhteremler, bu mektubu herkes kendi vatanı dediği vücudu için düşünüp, kendi ülkesi olan cesedinde oluyor kabul etmelidir. Şayet vücudunda zulüm ve haksızlık yaparsa, "Neme gerek" deyip haksızlıkları önlemeye çalışmazsa, dışarıdan gelecek kötülükler değil, kendi canınızın kendinize yaptığı kötülükler yeter. Kalp, akıl ve iman feryat eder. "Yapma, gazap ve şehvetle beni ateşe atma" der. Ama bu feryatlar dinlenmez, şehvet ve gazapla her amel icra edilmeye devam edilirse işlenen güzel ameller de yakılmış olur.

BİZ DE HIZIR'I GÖRSEK

Yahya Efendi hazretleri ile ilgili başka bir kıssa. Evliya Çelebi naklediyor. Yahya Efendi'nin her cuma gecesi Hızır'la [aleyhisselâm] buluştuğu vâki oldu. Bunu Kanûnî'ye duyurdular. Kanûnî Yahya Efendi'nin bir sohbetinde ona, "Sen Hızır [aleyhisselâm] ile buluşuyormuşsun" deyince, padişahtan bir şey saklamayan Yahya Efendi, "Buyurduğunuz gibidir" cevabını verir. Kanûnî, "Biz de Hızır'ı [aleyhisselâm] görsek" der. Yahya Efendi de, "İnşallah o da bir gün olur sultanım" buyurur.

Günlerden bir gün Yahya Efendi ile Kanûnî Sultan Süleyman, tebdil-i kıyafet ile Salıpazarı'ndan bir kayığa binerler. Tam kayık hareket edecekken genç, yakışıklı, iyi giyimli bir kimse de kayığa biner. Kayık denize açılır. Kanûnî, eliyle denizin suyu ile oynamaktadır. Allah'ın hikmeti ile parmağındaki çok kıymetli yüzüğü denize düşüverir. Padişah çok üzülür. Yüzük kaybolup gitmiştir.

Kanûnî, Yahya Efendi'ye yüzüğünün düştüğünü söylemez. Kayık bir hayli ilerler. Kuruçeşme İskelesi'ne yaklaştıkları esnada kayığa en son binen genç, elini suya daldırır ve yüzüğü çıkartıp Kanûnî'ye verir. Sahile çıkınca gözden kaybolur. Kanûnî, Yahya Efendi'ye sorar:

- Efendi, kayığa binen genç kimdi?

- Senin görmek istediğin Hızır'dı [aleyhisselâm].

- Bana gizlice işaret edeydin de tanıyaydım.

- O sana işaret verdi. Denize düşen yüzüğü eliyle çıkarıp vermedi mi?

- Vah bana, vah bana! Hızır'ı elime geçirdim de kaybettim.

KALBİN VASIFLARI

Şimdi, *İhyâ*'dan, kalbin vasıflarının toplandığı yerlerinin beyanı ve misali bahsine bakalım. İmam Gazâlî [kuddise sırruhû] buyuruyor ki: "Bilmiş ol ki dört vasfın birleşmesinden insan meydana gelir: Yırtıcılık vasfı, hayvaniyet vasfı, şeytaniyet vasfı ve rabbaniyet vasfı. Hiddet, coşkunluk, yırtıcı hayvanlar gibi etrafındakilere saldırmak, gazap kuvvetidir. Şehvet galebe çalınca hayvanlar gibi boğazına ve avret mahalline düşkünlük başlar.

İnsan, ulûhiyyet, istila ve üstünlük iddiasındadır. Şehvet kuvveti ile her şeyde müstakil olmayı, efendilikte tek olmayı kulluk ve tevazudan uzaklaşmayı arzular. Bütün ilimlere heves eder, her şeyi bildiğini zanneder. Hayatına koyup tatbik ettiği şeyler çok azdır. Cahil dendiği zaman sıkılır. Halbuki bilgisizlik, kabiliyetsizlik kendisini istila etmiştir.

Hz. Musa [aleyhisselâm] kendisini imana davet ettiği zaman, Firavun kavminin ileri gelenlerine dedi ki: "Bırakın, şu Musa'yı öldüreyim! O yeni bir Rab ile karşımıza çıktı. Bizi hürriyetimizden alıkoyup esareti altına almak istiyor. Biz, onun getirdiği dinin altında köle olamayız." Müfessir diyor ki: Bu dini kabul etmeme, gerek Firavun gerek Nemrûd için, keyif, şehvet ve gazabından vazgeçmemek içindi. Aklı ile idrak etti ki Hz. Musa [aleyhisselâm] haktır ama nefsi ve gönlü saltanatı bırakmaya razı değil.

İşte insan da nefsinin hevâsı, gazap ve şehvet kuvvetlerinin ittifakı ile keyif ve safada alabildiğine hür olmak istediğinden Allah'ın emirlerinden uzaklaşır. Günahkâr olmasının sebebi budur. Allah Teâlâ hazretleri, rubûbiyyet sıfatı ile kitaplar, peygamberler, ulema, evliya gönderir ki yırtıcılık, hayvaniyet ve şeytaniyet sıfatları ıslah olsun.

Firavun'un beldesinde Hz. Musa'nın [aleyhisselâm] hükmünü yürütsün.

Şeytaniyet vasfı ise kötülükleri iyilik gibi gösterir. Her insanda bu dört vasıftan bir karışık vardır. Herkesin şahsiyetine göre vaziyet alır, bulunduğu duruma göre kullanır.

İnsan olarak hepimizin derisi var. Ama derinin altında değişik hayvanlar bulunuyor. Eğer sûretler kaldırılsa, iç ahlâklar insana gösterilse, kimi şehvet bakımından hınzır, kimi gazap bakımından köpek haline girmiş görülürdü. Allah bunu gizlediyse, içimizin hali yok demek değildir. Hükümdar dediğimiz akıl, parlak nuru ve nüfuz eden basireti sayesinde şeytanın pisliklerini çıkarmaya, hilesini defetmeye, gazabını ortadan kaldırmaya, şehvetini kırmaya memurdur.

Biz aklımızla kötü sıfatları yok etmeye mecburuz. Zillet yerine vakara, çekememezlik yerine kadere rızaya, riyakârlık yerine tevazuya, maskaralık yerine ciddiyete çevireceğiz.

Gazap ve şehvetin üstünde rabbânî sıfat olursa, bunlar aklın sevk ve idaresi altına girerse, rabbânî sıfatlardan olan ilim, hikmet, yakîn, eşyanın hakikatini idrak kalbe yerleşir. Gazap ve şehvete itaat ihtiyacı kalmaz. Akıl, Allah'a teslim olursa, Allah onun her ihtiyacını karşılar. Böylece şehveti zaptedip itidale getirmesiyle rabbânî kuvvet galebe çalar ve namus, kanaat, huzur, zühd, takva, cezbe, güzel ahlâk, hoşgörü meydana gelir. Aynı şekilde gazabı zaptedip itidale getirmekle de şecaat, kerem, lutufkârlık, nefis hâkimiyeti, sabır, ilim, bağışlayıcılık, metanet, vakar gibi güzel huylar meydana gelir.

Rabbim hepimize nasip etsin. Âmin.

AKLI KEMALE ULAŞTIRAN ALLAH KORKUSU

Aklını, muhakeme kuvvetini kaybeden insan akılsızdır, delidir. İslâm dininde ibadet ve taatten mükellef değildir. Gözün kör olup görmediği gibi.

5 milyar insanın gözü vardır ama her birinin görme yeteneği birbirinden farklıdır. Akıl da böyledir. Aklı kullanmaktaki incelik, maharet herkeste farklıdır. İslâm dinine uymaktaki akıllar derecelere, sınıflara ayrılır.

Akıl, herkeste idrakine göredir. Dinsiz aklını menfaatte, Allah dostu ise aklını Kur'an'a ve Peygamber'e uymakta kullanıyor. Sen zannediyor musun her verdiğin karar akıllıcadır? Hayır. Nice gazap ve şehvet karışmıştır ona. Şu halde, "Ben ne yapayım ki bu akıl isabetli olsun, huzur-ı mahşerde beni mesul etmesin; dünyada

saadete garketsin ve mutlu bir aile hayatım olsun. Kâmil bir hayat yaşayayım" dersen *İhyâ*'nın beyanıyla şehvet kuvvetini ıslah edip Kur'ân-ı Kerîm ve hadislerde bildirilen itidale uyman gerekir. O zaman aklın isabetli, işlerin hakka uygun, kabrin nurlu, ahiretin geniş olur.

Şehvet ıslah edilirse ne olur? Şöyle bir misal verelim: Üzüm kendi haline bırakılırsa bozulur, sirke olur. Daha ilerlerse alkol hüviyetine bürünür, şarap olur. Üzümün suyu şıra ve sirke helâldir. Bozulup şarap olunca haramdır. Şehvet ve gazap kuvvetleri de üzüm misali gibidir. Şehvetin kendi helâl, terbiye edilmeden azgınlaşırsa haram olur. Kezâ utanmazlık, hırs, riyakârlık ... haline dönüşürse de aynıdır. Bunların sahipleri akıllıdır ama o akıl şehvetin pis şubelerinde rezil olmuştur. Ey sûfî, sen aklını nerede kullanıyorsun? Lütfen kontrol et! Gazaba gelince terbiye edilmezse saldırgan olur. Çevresindekilere saldırır. Kibirlidir. Ama o da akıllıdır! Âlimim diye ucub eder.

EŞYANIN HAKİKATİNİ GÖREBİLMEK

Rabbânî kuvvet hâkim olursa, aklını şeriatın emirlerine göre sevk ve idare ederse, bundan ilim meydana gelir. Kemalâtın hakikatini görürse, yakîn meydana gelir. Eşyanın hakikatini gören de itaat sahibi olur.

Eşya, Allah'a giden yolda vasıtadır. Biz eşyayı nefsimizin hesabına, şeytanın iğvasına, gazap ve şehvet kuvvetlerinin emrine vererek kullanırsak bütün eşya bize lânet okur. Allah eşyayı onunla Allah'a ulaşalım diye yarattı. Eşyayı kullanmak suç değil, eşyayı kullanırken Allah'ı unutarak haramda kullanmak suçtur.

Eşyanın hakikatini bilen insan, hayvanlardan ayrılmış olur. Eşyanın hakikati Allah'a götürücü olarak bilinmezse, o eşya hayvaniyet kuvvetinde kullanılmış olur. Bunun için, her şeyi olduğu gibi anlamak hasleti ile âlim denilen zat meydana gelir. O basireti ile nuranî hakikatleri keşfeder. O zaman ilmin kemali sayesinde herkesin önüne geçecek takdime, herkesi ıslah edecek kemalâta, herkesin tazim edeceği bir olgunluğa ulaşır.

İlimde müştereklik, kemalde farklılık vardır. Allah'a itaat derecelerinde hepimiz müşterek fakat kemalâtta farklıyız. İşte bu fark, anlatmaya çalıştığımız gazap ve şehvetin ifrada giden kötü tabiatları yüzündendir.

Resûlullah [sallallahu aleyhi vesellem] buyurdu ki: *"Allah Teâlâ bir kuluna hayır murat ettiği zaman ona kalbinden bir vaiz gönderir."* [6] Artık onun kalbi devamlı hayır telkin eder. Meleğin ilhamına kulak verir. Şeytanın vesvesesine, nefsin çirkinliklerine kapıları kilitler.

"Kimin kalbinde muhasebesini yapan bir vaiz bulunursa, Allah Teâlâ'nın onun üzerinde bir muhafızı vardır." [7]

KALPLERİN HUZUR BULMASI

Allah Teâlâ buyuruyor: *"Bunlar, iman edenler ve gönülleri Allah'ın zikriyle sükûnete erenlerdir. Bilesiniz ki kalpler ancak Allah'ı anmakla huzur bulur"* (Ra'd 13/28). Eğer kalp Allah Teâlâ'ya yönelirse ve kalpte hakikatler inkişaf ederse, o zaman kişi gerçek manada Cenâb-ı Hakk'a itaat eder. Allah Teâlâ'ya itaat eden O'nu zikretmekten haz alır. Şayet kötü huylar kalbi istila ederse

---

6 Ebû Nuaym, *Hilyetü'l-Evliyâ*, 2/299 (nr. 2290); Zebîdî, *a.g.e.*, 8/417.
7 Ebû Nuaym, *a.g.e.*, 6/54 (nr. 7762); Zebîdî, *a.g.e.*, 8/417.

gönül aynası kararır; akıl kör bir hale gelir. İlâhî nuru anlamaz. Kalbin mühürlenmesi ve kararması budur.

İmam Gazâlî hazretleri buyuruyor: Sen gerçek zikri çekmiyorsun. Senin zikrin, nefsinin gazap ve şehvetini ıslah etmiyor. *"Bilesiniz ki, kalpler ancak Allah'ı anmakla huzur bulur"* (Ra'd 13/28) buyruldu. Namaz en büyük zikirdir. Namazdan lezzet almak gerekir. Tasavvufî hayat ibadetten lezzet almak içindir. İbadetten lezzet almak da Allah korkusunun galebesi içindir. Allah'tan korkan, Allah'ın huzurunda ibadetten lezzet alır.

İmam Gazâlî hazretleri *İhyâ*'nın üçüncü cildinde, gerçek zikirle ilgili olarak şöyle devam ediyor: Gerçek zikir ancak takva ile kalbi kötü sıfatlardan temizledikten sonra kalbe yerleşir. Böyle olmazsa, kıldığın namaz, çektiğin zikirdir ama isimden ibarettir. Kalp üstünde faydası yoktur. Allah Teâlâ, takva ile gerçek zikre erenler için şöyle buyuruyor: *"Takvaya erenler var ya, onlara şeytan tarafından bir vesvese dokunduğunda (Allah'ın emir ve yasaklarını) hatırlayıp hemen gerçeği görüyorlar"* (A'râf 7/201). Bunlar müttakilerdir.

Takva nedir? Takva haramlardan kaçınmak, şüphelileri terketmektir. Haramları işleyip duran bir adamın namazında, şeytanı ve nefsi kovan bir zikri bulunmaz.

Şehvetin itidali iffettir. İffet ahlâkına erişen kimse takva ile günahlardan kurtulur. Onda cömertlik, hayâ, sabır ... meydana gelir. O zaman, o adamın namazı namaz olur. Âyetü'l-kürsî'yi okusa şeytan kaçar. Akl-ı selim, kalb-i selim teşekkül eder. İnsanların kusurlarını örtecek müsamaha, letâfet ve yumuşaklık meydana gelir. Cömert ve kanaat sahibi olur. Oysa şehveti akılla terbiye etmezsen arsızlık, ikiyüzlülük, cimrilik, çekememezlik, hırs... meydana gelir.

Allah Teâlâ şöyle buyuruyor: *"Müminler ancak Allah'a ve Resûlü'ne iman eden, ondan sonra asla şüpheye düşmeyen, Allah yolunda mallarıyla ve canlarıyla savaşanlardır. İşte doğrular ancak onlardır"* (Hucurât 49/15). Akıl bunun için kalplere ve dimağa konulmuştur. Aklın meyvesi, hikmetin sonu güzel ahlâk ve nefisle mücâhededir.

Allah Teâlâ buyuruyor: "Allah'tan korkun ve O'nu dinleyin!" (Mâide 5/108), *"Allah'tan korkun! Allah size gerekli olanı öğretiyor. Allah her şeyi bilmektedir"* (Bakara 2/282). Kim bildiğiyle amel ederse, Allah ona bilmediğini bildirir. Allah'a güvenenin rızkı kolay gelir, hastalıkları tez geçer. Düşmanları insaf eder. Allah'ı bilmeyene yer de gök de aile efradı da düşmandır. Şu halde, Allah'ı dost etmeden kulları dost etmek mümkün değildir.

ALLAH TEÂLÂ'YI BİLMEK NE GÜZEL

Allah'ı bilmek ne kadar güzeldir. Buna bir misal verelim: Müridlerden bir zat, güzel bir kadınla evlendi. Zifafa girecekleri sırada kadının beden güzelliği bozuldu. Vücudunun her tarafını sivilceler kapladı. Kadın tarafı çok üzüldü. Mürid bunu farketti. Onları üzüntüden kurtarmak için kendini kör olmuş gibi gösterdi. Kör olarak gelin güvey oldular. Kız tarafının sıkıntısı zail oldu. Kadın ile yirmi sene yaşadı. Bu zaman zarfında kendisini kör gösterdi. Kadın öldü, mürid gözlerini açtı. Niçin böyle yaptığını sordular. "O kadın benimle güzel ümitlerle evlendi. Gözlerim görseydi, her gün ıstırap çekecekti. Sivilceli olduğu için üzüldü ama benim onu görmediğimi düşünerek teselli buldu" cevabını verdi. İşte bu merhamet, şecaat, iffet. İşte bu Allah korkusu.

KALPLERE YERLEŞEN ALLAH KORKUSU

Resûl-i Ekrem [sallallahu aleyhi vesellem] şöyle buyuruyor: *"Kalpler dört türlüdür:*

1. Temiz kalp. Orada parlayan bir nur vardır. Bu müminin kalbidir.

2. Kararmış ve ters döndürülmüş kalp. Bu da kâfirin kalbidir.

3. Kılıflara konmuş ve ağzı bağlanmış kalp. Bu da münafığın kalbidir.

4. Terkedilmiş, kendi haline bırakılmış kalp. Onda iman da bulunur nifak da. Bu kalpte iman temiz suyun besleyip geliştirdiği yeşil bir bakla gibidir. Nifak ise irin ve cerahatin arttığı yara gibidir. Bunlardan hangisi diğerinden fazla ise kalbe o hâkim olur ve hüküm ona göre verilir." [8]

Allah'tan korkanlar, kendilerine şeytandan bir taife iliştiği zaman düşünürler ve derhal basiretlerine sahip olurlar. Kalbin parlaklığının zikir ve takva ile olacağını unutmamak lazım gelir. Takva sahipleri Allah korkusuyla haramlardan kaçarlar. Allah korkusu, aklı kâmil, işleri âsan eder. İbadet ve taatte lezzete ulaştırır.

Allah korkusu, Allah'a itaatle bağlantılıdır. Allah'ın emirlerini dinlemeyenin Allah korkusu olmaz. Bütün başımıza gelenler Allah'tan korkmadığımızdandır. Hepimiz Allah'tan korktuğumuzu iddia ederiz de amellerimizle bunun tam tersini yaparız.

Allah'tan korkmanın sebebi ilim ve marifettir. İlmi kâmil etmeden Allah korkusu ortaya çıkmaz. Marifet ise dört şeyi bilmekle olur: Dünyayı, ahireti, nefsi ve Allah'ı.

8 Ahmed b. Hanbel, *el-Müsned*, 3/17 (nr. 11129); Taberânî, *Mu'cemü's-Sagîr*, nr. 1077; Ali el-Müttakî, *Kenzü'l-Ummâl*, nr. 1226.

Havva annemiz Hz. Âdem [aleyhisselâm] ile evlendikten sonra yirmi üç defa doğum yaptı. Birini tek, diğerlerini ikiz doğurdu. Toplam kırk beş çocukları oldu. Âdem babamız vefat etmeden 45.000 evladını gördü. Melekler dediler ki: "Yâ Rabbimiz, Âdem'den [aleyhisselâm] 45.000 çocuk oldu. 300-500 sene sonra bu dünya milyonlara varır. Nasıl sığacaklar?"

Rabbim Teâlâ buyurdu: "Yaparlar yaparlar yıkarım. Yaşarlar yaşarlar öldürürüm."

İşte dünya budur. İşin evveli ve sonu bu olduğundan, dünyadan istifade etmemiz takdir edildiği kadar edebiliriz.

Kûtü'l-Kulûb isimli kitapta şöyle bildiriliyor: Topladın topladın, yığdın ve öldün. Senin ruhunu melekler alıp Allah katına çıkarırlar. Rabbim sorar: "Ne amel getirdi bana?" Melekler buna cevap verekoysun, ölenin mirasçıları, "Babamız bize ne miras bıraktı?" diye konuşmaya başlarlar. Senin miras malın mirasçılara kaldığı zaman, onlar bunu helâl yolda kullanırlarsa sevapları kendilerine, haram yolda kullanırlarsa günahı senin boynuna olur. Neden? Zalime yardımcı olduğun için nasıl kazandığının hesabını yukarıya çıkana sorarlar. Aşağıda kalan mirasçılar, babalarının bu malı veya parayı nereden ve nasıl kazandığını düşünmezler. İşte dünya budur!

Allah Teâlâ, Fâtır sûresinde, *"Kulları içinden ancak âlimler, Allah'tan (gereğince) korkar"* (Fâtır 35/28) buyuruyor. Netice olarak diyebiliriz ki, Allah korkusunun sebebi ilim ve marifettir. Allah korkusunun neticesi de iffet, vera' ve takvadır. Bir kimsenin iffeti ve takvası yoksa, o kimse şehvetin ve nefsin esareti altındadır. Allah Teâlâ'dan korkanlar hidayete ererler. *"Onların Rab'leri katındaki*

mükâfatları, zemininden ırmaklar akan, içinde devamlı olarak kalacakları adn cennetleridir. Allah kendilerinden hoşnut olmuş, onlar da Allah'tan hoşnut olmuşlardır. Bu söylenenler hep Rabb'inden korkan (O'na saygı gösterenler) içindir" (Beyyine 98/8).

Kul Allah'tan razı olursa, Allah ondan razı olur. Hangi kul Allah'tan razı olmaz. Âyete göre önce biz Allah'tan razı olacağız. Bizim razı olmamızdan dolayı Allah Teâlâ da bizden razı olacak. Kul Allah'tan nasıl razı olur? Fakir bırakırsa şikâyet etmez. Zengin ederse şeriata göre sarfeder. Hastalık verirse şükreder, musibet gelirse sabreder. Ne halde bulunursa hamdeder. Eğer kul başına gelenden şikâyet ederse Allah'tan razı değil demektir.

Allah Teâlâ verdiği nimetler kadar kullarını hesaba çekicidir. Çetin azabı vardır. Onun için Rabbim, Hz. Davud'a [aleyhisselâm] şöyle ferman etmiş: "Ey Davud, benden, kükremiş aslandan korkar gibi kork! Emirlerim dışına çıkma! İbadet ve taatine noksanlık getirme! Eğer Allah korkusu olmazsa neticesi helâktir."

Allah korkusunun neticesi kalpte, bedende, âzalardadır. Gözdedir, dildedir. "Akıllıyım" diyen bunları nerede kullanıyorum diye bir baksın. Allah ikisini de kapaklı yaratmış.

Allah korkusunun kalpteki neticesi, dünya arzularını soğuk karşılamaktır. Kalbin, korkudan hudû ve huşû içinde olup, daima halini murakabe ve muhasebe ederek ahireti düşünmesi gerekir.

Hudû, Allah'ın her zaman ve her yerde bizi gördüğü duygusunu taşımaktır. Huşû ise Allah'ın aşkı ile, cezbe ile ibadet etmektir. Allah Teâlâ, Mü'minûn sûresinde,

"Gerçekten müminler kurtuluşa ermiştir. Onlar ki namazlarında huşû içindedirler. Onlar ki boş ve yararsız şeylerden yüz çevirirler" (Mü'minûn 23/1-3) buyurmaktadır. Felâh, umduğuna nail olup korktuğundan emin olmaktır.

Zünnûn-i Mısrî hazretleri, "Allah'tan korkan kul kimdir?" sualine, "Kendini hasta görüp ölüm korkusuyla bütün isteklerinden kaçan kimsedir" cevabını vermiştir.

Allah korkusu zayıf, mutedil ve kuvvetli olmak üzere üç derecedir. Zayıfı, kadınlar gibi ince kalpli olmaktır. Kuvvetlisi ümitsizliğe kapılmamaktır. Korku varsa, vücutta bir kemalât olacak. Tevhid, marifet, muhabbet gelişecek.

Bütün tarikatlar Allah korkusu ile muhabbeti vermek içindir. Tarikat-ı Nakşibendiyye de muhabbet-i ilâhîyi, cezbe-i rahmânîyi, evliya sevgisini, zikir lezzetini verir. Bunlar insanı Allah korkusuna götürür. Allah'tan korkmak, zayıflığını, âcizliğini bilmekle olur.

Günahlardan sakındıracak, ibadetleri muntazam yaptıracak Allah korkusudur. İşte o kul, kalbindeki akıl nuruyla hareket eden kimsedir. Haramları işleyip duranın günah korkusu olmadığından, o kimsenin aklı vardır ama sanki yokmuş gibi kabul edilir.

İlmin başlangıcı Allah Teâlâ'yı cebbâr ve kahhâr bilmek, işlerin sonunu kula yakışır şekilde Allah'a bırakmaktır. Tevekküldür. Tevekkül, tedbiri bırakmak değil, takdire rıza göstermektir. Ümmet-i Muhammed, Allah'a tevekkülle bağlıdır ama tedbiri de bırakmaz. Doktora gitmesi tedbirdir ama şifayı Allah'tan bekler.

Allah korkusu, zararı görüp bilmek, faydayı düşünüp mülahaza etmekten doğar.

Allah korkusunun neticesi nedir? Su-i hatime yani âkıbetin kötü olmasından, imansız gitmekten korkmaktır. Allah'ı bilenlerin en büyük korkusu budur. Âriflerden biri şöyle demiştir: "Bir kimsenin elli sene tevhid üzere olduğunu bilsem, yanımdan bir duvar ötesine gitmek üzere uzaklaşsa, tevhid üzere olduğuna şahitlik edemem."

Muhteremler, insan bir dakikada küfürden imana, bir dakikada imandan küfre geçer. Bir dakikada katil olurken bir dakikada veli olabildiği gibi. Sehl et-Tüsterî [kuddise sırruhû] "Sıddîklar her nefeste kötü âkıbetten korkmuşlardır" buyururken Süfyân-ı Sevrî'ye, "Allah Teâlâ'nın affının senin günahından büyük olduğunu bilmez misin?" diye sordular. "İmanla gideceğimi bilsem, dağlar kadar günahım olsa yine korkmam" buyurdu. Yine Sehl et-Tüsterî, "Mürid, günah işlemekten; ârif, küfre düşmekten korkar" buyurdu.

İmansız gitmenin alametlerinden biri nifaktır. Ashâb-ı kirâm, her zaman nifaktan korkardı. Hasan-ı Basrî hazretleri, "Bende nifak olmadığını bilseydim, buna yeryüzünde olan her şeyden daha çok sevinebilirdim" buyurmuştur. İçin dışa, kalbin dile uymaması nifaktır.

İmansız ölmenin sebeplerinden biri de bâtıl bir bid'ata itikad etmek, ömrünü bu çirkin bid'at üstünde geçirmektir.

Allah hepimize intibah versin. Âmin.

DÖRDÜNCÜ BÖLÜM

İLİM ÇEŞİTLERİ

Dünyanın gelişmesi ilimlere taalluk eder. İnsanlar da ilimle inkişaf eder; milletler ilimle saadet ve kemalâta ulaşır.

İmam Gazâlî'nin [kuddise sırruhû] bildirdiğine göre ilim, dinî (şer'î) ve aklî olmak üzere iki kısımdır. Hakiki âlimlerin nazarında şer'î ilimlerin çoğu aklî ve aklî ilimlerin çoğu da şer'î (dinî)dir. Nev-i beşer eşyayı kavrayabilmek için, aklî ilimleri ve eşyanın hakikatini idrakle şer'î ilimleri öğrenir.

Allah Teâlâ hazretleri, *"... Bir kimseye Allah nur vermemişse, artık o kimsenin aydınlıktan nasibi yoktur"* (Nûr 24/40) âyeti ile, bütün bu ilimlerden maksadın, eşyanın hakikatini idrak etmek ve böylece Allah'a ulaşmak olduğunu anlatır.

İmam Gazâlî [kuddise sırruhû], *İhyâ*'da, insan kalbinin vazifelerini; ilimle mücehhez olmak, hikmetle dolmak, eşyanın hakikatini bilmek, Allah'ı zikretmek ve zikirden ilâhî lezzet almak olarak hulasa etmiştir. Eşyanın hakikatini idrak etmenin içinde aslolan Allah Teâlâ'yı bilmek, Peygamber'in [aleyhisselâm] hukukunu bilmek, Allah yolunda cihad etmek ve bütün hayatımızı idare etmek vardır. Şu halde ilimler aklî ve şer'î ilimler olarak ikiye ayrılmakla beraber asıl ilim Allah'ı bilmek, yolunda cihad etmektir.

Dinî (şer'î) ilimler iki kısma ayrılır. Aslî ilimler, fer'î ilimler. Aslî ilimler de üç kısma ayrılır: Tevhid ilmi, tefsir ilmi ve hadis ilmi.

Tevhid ilmi: Allah Teâlâ'nın zatını, sıfatlarını araştırır. Hayat, ölüm, kıyamet, ölümden sonra diriliş, cennet, cehennem, cennette Allah'ın cemâlini görmek gibi meseleleri bize bildirir.

Tefsir ilmi: Kur'ân-ı Kerîm, var olan şeylerin en muazzamı, en azizi, en açık olanıdır. Bununla birlikte, bu yüce kitapta, her aklın kavrayamayacağı birtakım müşkül noktalar vardır. Kur'ân-ı Kerîm'in her âyetinin bir zâhirî bir de bâtınî manası vardır. Kezâ Kur'an'ın değil bir âyetinin, her bir harfinin dahi bir manası, bir hakikati vardır. Onun için Kur'ân-ı Azîmüşşan'ı idrak etmek zordur.

Allah Teâlâ, Kur'ân-ı Kerîm'de, bütün ilimleri ve görülen görülmeyen, büyük küçük, aklî hissî mevcudatı bize haber vermiştir. *"...Yerin karanlıklarında da hiçbir tane, hiçbir yaş, hiçbir kuru şey yoktur ki apaçık bir kitapta (Allah'ın bilgisi dahilinde, levh-i mahfûzda) olmasın"* (En'âm 6/59). Kur'ân-ı Kerîm öyle bir kelâm-ı mübarektir ki kim ne sorsa cevabı vardır. Bunu idrak etmek için illa Allah'ın lutuf ve ihsanı gerekir. *"(Resûlüm!) Sana bu mü-*

barek kitabı, âyetlerini düşünsünler ve aklı olanlar öğüt alsınlar diye indirdik" (Sâd 38/29).

Kur'ân-ı Kerîm'in tefsir edilmesi çok zor bir iş olduğundan hiçbir müfessir şimdiye kadar Kur'an'ın hakkını verebilmiş değildir. Halbuki yirmi, otuz çeşit Kur'an tefsiri var. Zamanlarının en büyük âlimleri tefsirler yazmışlar. Bu tefsirleri teker teker karşılaştıracak olsak, hepsinde değişik hikmetler, marifetler olduğunu göreceğiz.

Müfessirler, kendi akıl kapasiteleri kadar Kur'an'a mana vermişlerdir. Herkesin aklının derecesi ve idraki bir olamadığı için tefsirlerde değişik manalar ortaya çıkmıştır.

Hadis ilmi: Şimdi, din düşmanları şu cümleyi kullanır oldular: "Kur'an bize yeter, peygambere ne ihtiyaç var!" Peygamberin hükmünü ortadan kaldırmaya kalkıyorlar. Peygamber ortadan kalkarsa Kur'an'ı idrak etmek mümkün olamayacağına göre, "Kur'an bize yeter" sözleri ile beşeri kandırmaya çalışıyorlar. Kur'ân-ı Azîmüşşan'da namaz, zekât, hac ... bahisleri var. Ama, namazı kılarken birinci rekâtta ne okuyacağız; rükû ve secde nasıl olacak gibi namazın bütün hukukunu Kur'ân-ı Kerîm'de bulamayız. Kezâ zekât, oruç, hac da böyle. Bütün bunları Peygamberimiz'in yaşayışından ve onun söylediklerinden öğreniyoruz. Onun için peygambersiz, hadissiz Kur'an olmaz. Kur'an'sız da Allah'a gidilmez.

Hz. Muhammed [sallallahu aleyhi vesellem] Allah'ın resûlüdür ve İslâm dininin muallimidir. Aklı ile ulvî ve süflî meselelerin hepsini kavrayan; her sözü, esrar okyanuslarını ve rumuz hazinelerini ihata eden bir zattır. Kendileri, ilm-i ledün sahibi ve mir'ac-ı saadette Allah Teâlâ'nın hakikat ve âyetlerini gördüğü için onun ilmine hiçbir peygamber yetişemez.

İmam Gazâlî hazretleri şöyle buyurmuştur: "Bir kimse nefsini şeriata tâbi kılıp edeplendirmeden; şeriatın ölçüleri ile kendisini, kalbindekini sapıklıklardan kurtarmadan Hz. Peygamber'in [sallallahu aleyhi vesellem] sözlerini kavraması mümkün değildir."

Bir kimse tefsir ilminde ilerlemek, hadislerin tevili hakkında konuşmak, sözlerinde isabetli olmak istiyorsa lugat, nahiv, sarf ilimlerini bilmelidir.

Allah Teâlâ Peygamber Efendimiz [sallallahu aleyhi vesellem] hakkında şöyle buyuruyor:

"(Muhammed) sapmadı ve bâtıla inanmadı; o, arzusuna göre de konuşmaz. O (bildirdikleri) vahyedilenden başkası değildir" (Necm 53/2-4).

Peygamberler mantık âlimi ve filozof değildir. Kanaat serdetmezler. Allah Teâlâ, mükevvenatın hakikatini gösterdiği gibi Peygamber de ne söylediyse doğru olması lazım gelir ki din ayakta dursun. Kıyamete kadar bu dine kimse ilişemesin.

İlimler, amelî veya nazarî olur. Fer'î ilimler amelî, aslî ilimler nazarîdir. Fer'î ilimler üç kısma ayrılır.

1. Hakkullah: İnsanın Allah Teâlâ'ya karşı vazifelerinden yani ibadetlerinden bahseden ilimdir.

2. Hakkulibad: İnsanın insana karşı vazifelerinden bahseden ilimdir. Bunun içine, kul hakları, akrabalık, komşuluk, ticaret, nikâh, boşanma, çocuk hakları ... girer. Hakkullah ve Hakkulibad insanın dünya ve ahiret saadetini etkiler.

3. Hakkunnefs: Ahlâk ilmi. İnsanlar ya iyi huyludur veya kötü huyludur. İnsanın kötü huylarını iyiye, iyi huylarını da

geliştirerek kemale eriştirmeye yarayan ilimdir. Bu ilimler, aşağıda açıklanacak olan ve rabbânî âlimler vasıtasıyla öğrenilen rabbânî ilimlerdir. Tasavvufun bir konusu da ahlâk ilmidir.

RABBÂNÎ ve KESBÎ İLİM

İlim, insanî ve rabbânî ilim olarak da ikiye ayrılır. İnsanî ilimler iki türlü öğrenilir:

1. Haricî faktörlerle,

2. Dahilî faktörlerle, tefekkürle.

Haricî faktörlerle öğrenim, ilmin metotlarına uymak suretiyle öğrenmektir. Bu öğrenimde aklın önemi çok büyüktür ve eşyanın münasebetleri hakkıyla bilinir. Eczacı yedi sene kimya ilmi okur. Eşyanın kimyasal reaksiyonlarını bilir. Yetmiş türlü ilaç elde eder ama ne hastalıklar biter ne de eczahaneler kapanır. Kezâ tıp ilmi de hâlâ bütün hastalıkları teşhis edebilmiş değildir. Bu durum, aklî ilimlerin kesin bir neticeye ulaşamadığını gösterir. Çünkü eşyanın münasebetleri bitmez. Eğer rabbânî ilimlerle ahlâk düzelmezse, insanlar ibadetlerin huzur ve lezzeti ile saadete erişemezlerse bütün çabalar ve ilimler boşa gider. Hulasa, aklî ilimler beşerin mutluluğu için yeterli değildir.

Rabbânî ilimler ikiye ayrılır: Vahiy ile öğretim, ilhamla öğretim. Ruh kemale erdiği zaman, hırs ve fâni emeller gibi beşerî kirler de yok olur. Kavga biter, geçim başlar. İnsanlar arasındaki kavgalar, nefsanî kirlerden, şeytanî hilelerden, hırs, şehvet ve gazaptan neşet eder. Bunlar ıslah olursa, ruhun ve kalbin nurları Allah Teâlâ'ya döner, dünya sanki bir cennet olur.

Asr-ı saaadet'te sahabiler, nefsanî yüzden kavga etmezdi. Eski devirde, ehl-i tarikatın birbiriyle münasebetleri, merhamet, karşılıklı iyilik ve yardım üzerine idi.

Şu halde vahiy ile gelen ilim, aklî ve naklî ilimler gibi olmaz. Vahiy ile öğrenilen ilimle peygamberlerin hakikati ortaya çıkar. Hiçbir peygamber günah işlemez. Çünkü onlar vahiyle öğretime tâbidirler. Nefislerinde asla çirkin sıfat yoktur. Gazap yerine şecaat, şehvet yerine iffet vardır. Akılları akl-ı selim, kalpleri kalb-i selimdir. Nebîlerin ilmi, insanların ilmiyle mukayese edilmez. Onlar eşyanın hakikatini görür.

MADEM RABBİM BENİ GÖRÜYOR

Gönül ehli bir zat kuyuya düştü. O kuyunun dışında çember denilen çıkıntı yoktu. Nefsi ona, "Bağır, çağır, yardım iste. İnsanlar seni duysun. Gelip kurtarsın" dedi. Ama sonra, "Madem ben Rabbim'e iman ettim, vallahi hiç yardım dilemeyeceğim" diye düşünüp sustu. İki kişi geldi. Kuyunun yanında konuşuyorlar, kuyuya düşen de bunları dinliyordu: "Bunun kuyu olduğu dıştan belli olmuyor. İnsanlar karanlıkta görmeyip düşebilir. Bu kuyunun üstünü kapatalım." Tahta odun ne buldularsa kuyunun üstünü kapattılar. Kuyunun içindekinin nefsi, "Vallahi şimdi yandım. Hadi feryat et!" dese de, "Madem Rabbim beni görüyor, feryat etmeyeceğim" diye diretti.

Bir süre geçti, farketti ki kuyunun üstünü açıyorlar. Vahşi bir hayvanın ayağı aşağı sarktı. Ona tutunup çıktı. Bir aslandı. Allah'tan hitap geldi: "Ey kulum, sen bana tevekkül ettin. Ben seni insanları paramparça edecek vahşi aslanla kurtardım. Bu senin için daha iyi olmadı mı?"

Tevekkül ve teslimiyeti Allah'a tam olduğundan Allah onu aslanla çıkardı. "Nasıl olur?" derseniz sirklerde aslanları oynatıyorlar. Oynatanlar keramet ehli de değil. Teknikle, araştırma ile oynatıyorlar. İnsan aslanı terbiye ile hareket ettirebiliyorsa, ya velâyet nuruyla niçin ettirmesin!

İTAAT, İTAATİ GEREKTİRİR

Abdullah b. Ömer hazretleri bir yere yolculuk ederken insanların topluca durduğunu gördü. Orası yüksek bir vadi idi. İnsanlara, neden orada durduklarını sordu. "Bu vadide bir aslan var. İnsanları parçalıyor. Biz hacca gidiyorduk ama aslanın korkusundan geçemiyoruz" dediler. Abdullah b. Ömer hazretleri, kendisini takip etmelerini söyledi. Abdullah b. Ömer aslanın yanına gitti ve ona, "Ey aslan, sen Allah'tan korkmuyor musun? Bunlar hac yolcusu. Niye onların yolunu kestin?" deyip kulağını tuttu ve ilave etti: "Bir daha görmeyeyim!" Sonra bir kayanın üstüne çıkan Abdullah b. Ömer hazretleri, cemaate şöyle seslendi: "Ben Resûlullah'tan [sallallahu aleyhi vesellem] duydum. Allah Teâlâ aslana hitap etti, 'Eğer benim kullarım bana itaat ederse sen de onlara itaat et. Şayet benim kullarım bana itaat etmezse sen de onlara hücum et.' Siz onun için bu aslandan korktunuz."

Abdullah b. Ömer hazretleri de, hacca giden cemaat de rabbânî ilimle ve ilhamla aslanın haline âgâh oldu. Aslan da ilâhî ilimle Abdullah b. Ömer hazretlerine teslim oldu.

RABBÂNÎ İLİMLER

Rabbânî ilimlerin birincisi **vahiy ilmi**dir, demiştik. Vahiy ilmi Allah Teâlâ'nın Cebrâil [aleyhisselâm] ile gönderdiği

ilimdir ki nebîler bu ilme sahiptir ve onlardan gazap, şehvet ve şeytana uyarak asla hata ve günah sudûr etmez. Cebrâil [aleyhisselâm] hemen yetişir. "Allah Teâlâ böyle murad eder" der. Akılları kâmil, ilimleri vahyî olduğu için beşeriyet onlardan mutluluk bulur.

Rabbânî ilimlerin ikincisi ise **ilham**dır. İlham, küllî ruhun, kabiliyeti kadar, insan ruhunu uyarmasıdır. Vahyin yansımasıdır. Peygamberliğin bir cüzü olan ilham, gönlünü ağartan, kalbini tasfiye eden, nefsin çirkin sıfatlarından kurtulan, şeytanın iğvasına karışmayan kimsenin aklına gelir. İlhamla nice evliya hakikati görüp keşfederler. Bunun için Hz. Ali [radıyallahu anh] şöyle buyurmuştur. "İlim ağzıma konulunca kalbimde bin tane ilim kapısı açıldı. Her bir kapının da bin tane kapısı var." İşte bu ilm-i ledün, ilhamdır.

Yine Hz. Ali [radıyallahu anh] şöyle buyurmuştur: "Benim için bir minber konulsa Tevrat ehline Tevrat'la, hıristiyanlara İncil'le, ümmet-i Muhammed'e Kur'an'la hükmederdim. Eğer Allah bana izin verse Fâtiha'nın bir elifini tam kırk yük tefsir ederdim." İşte bu sözler semavî ilimlere, hikmetlere aittir.

Allah Teâlâ yüce kitabında şöyle buyuruyor: *"Allah hikmeti dilediğine verir. Kime hikmet verilirse, ona pek çok hayır verilmiş demektir. Ancak akıl sahipleri düşünüp ibret alırlar"* (Bakara 2/269).

İmam Gazâlî [kuddise sırruhû] idrak, zekâ ve fikri aynı makamda kabul etmiştir. Şöyle ki: Akıl akıldır; zekâsı olmayana fayda vermez. Akıl akıldır; fikri olmayana fayda vermez. Akıl aynı akıldır; idraki olmayana fayda vermez.

İDRAK IŞIĞINDA AKIL

Hz. Âdem [aleyhisselâm] cennetten çıkarılınca Hindistan'ın Serendip adasına indirildi. Peygamber olduğu için, vahiyle, Serendip'ten Mekke'ye doğru yola çıktı. Hz. Âdem'e [aleyhisselâm] mucize olarak ikram edilen nimet, gözünün gördüğü yere basmasıydı. Allah Teâlâ ona, denizin üstünden yürüyüp geçme kudretini de vermişti.

Mekke-i Mükerreme'ye ulaştı. Beytülma'mûr, sema âleminde melâikenin tavaf ettiği beytti. Dünyada, onun tam hizasına, Cebrâil'in [aleyhisselâm] yardımı ile Beytullah'ı inşa etti. Sonra Rabbi Teâlâ hazretlerine şöyle sordu:

- Ey Rabbim, şüphesiz ki her çalışanın bir mükâfatı vardır. Acaba benim mükâfatım nedir?

- Ey Âdem, benden ne istersen iste.

- Yâ Rabbi, beni tekrar cennete gönder.

- Bu senin için hakikat olacaktır.

- Ey günahları bağışlayan Rabbim, ben günahlarımı itiraf ettiğim gibi zürriyetimden de günahlarını ikrar edip sana yalvararak bu beytin çevresinde tavaf edenlerin affı için yalvarırım.

- Ey Âdem, ben seni affettim. Senin zürriyetinden bu beyt-i şerife gelip de günahlarından tövbe edenleri de affederim.

Allah Teâlâ hazretleri ruhlarımızı halketti. Hz. Âdem'in [aleyhisselâm] zürriyeti olacağımızdan, onun vasıtasıyla dünyaya gelecek olan bütün insanların ruhlarını ortaya çıkarttı ve sordu:

- Ben sizin Rabbiniz değil miyim?

- Evet, sen bizim Rabbimiz'sin, dediler ve şehadet ettiler. Ahdin alınmasından sonra ruhlar yeniden cesetlere konuldular.

Allah Teâlâ Kur'an'da bu hususu şöyle beyan buyuruyor: *"Kıyamet gününde, biz bundan habersizdik demeyesiniz diye Rabb'in âdemoğullarından, onların bellerinden zürriyetlerini çıkardı, onları kendilerine şahit tuttu ve dedi ki: 'Ben sizin Rabb'iniz değil miyim?' (Onlar da), 'Evet (buna) şahit olduk' dediler"* (A'râf 7/172).

Hz. Ömer [radıyallahu anh] Beytullah'ı tavaf ederken, Hacerülesved'e, "Yâ Hacerülesved, sen bir taşsın. Resûlullah [sallallahu aleyhi vesellem] seni öpüp ziyaret etmeseydi ben de yapmazdım" deyince yanında bulunan Hz. Ali [radıyallahu anh] şöyle buyurdu: "Yok öyle değil yâ Ömer. Hani Allah ruhları huzurunda topladı ve, 'Ben sizin Rabb'iniz değil miyim?' diye sordu. 'Evet' dediler. İşte bu anlaşmayı Allah

Teâlâ zabtetti ve Hacerülesved'e yutturdu. Beytullah'ı tavaf ederken biz bu ahdimizi yeniliyoruz."

İlk insan ve ilk peygamber olan, Mekke-i Mükerreme'ye gelip Beytullah'ı inşa eden ve onu tavaf eden Hz. Âdem [aleyhisselâm], Havva annemiz ile evlendi. İnsan nesli çoğalacağı için, Rabbimiz ona hep ikiz çocuklar verdi. Sadece Hz. Şit [aleyhisselâm] tek doğdu. Yirmi üç defa doğum yapan Havva annemizin kırk beş çocukları oldu. İkiz olanlar, bir erkek ve bir kızdı.

Rabbimiz'in vahyi ile, aynı anda aynı karında olan kız ile erkek çocuk evlenemez ama bir önce doğan kızla bir sonra doğan erkek evlenebilirdi.

KABİL'İN HASEDİ ve İLK CİNAYET

Hz. Âdem'in [aleyhisselâm] ilk ikizleri Kabil ile kız kardeşi idi. İkinci doğanlar ise Habil'le kız kardeşi. Bu durumda Kabil, Habil'le birlikte doğan kızla; Habil de, Kabil'le birlikte doğan kızla evlenmeliydi. Allah'ın hükmü buydu. Kabil'le doğan kız, Habil'le doğan kızdan daha güzeldi. Bu yüzden Kabil, kendisiyle aynı anda doğan bu kızla evlenmek istedi. Hz. Âdem [aleyhisselâm] Kabil'e ikizi olan kız kardeşinin kendisine helâl olmadığını söyledi. Bu ihtilaf büyüdü, önemli bir mesele oldu. Bu durum karşısında Âdem [aleyhisselâm], "Cenâb-ı Hak her şeyi bilendir. Bu işi Rabbim'e soralım" buyurdu. Allah Teâlâ vahyetti: "İkisi de bana kurban getirsin" buyurdu. Gökten nur iner, hangi kurbanı yakarsa, o kurban kabul edilmiş sayılacaktı.

Habil çobanlık yapardı. En güzel koçu kurban olarak seçti. Kabil ise çiftçiydi. En kötü koyunu aldı getirdi. Habil'in koyunu üzerine gökten beyaz bir nur indi.

Böylece Habil'in haklılığı ortaya çıktı. Kabil'le doğan kızla o evlenecekti.

Allah Teâlâ Kur'ân-ı Kerîm'de şöyle buyuruyor: *"Onlara Âdem'in iki oğlunun gerçek olan haberini oku: Onların her ikisi birer kurban takdim etmişlerdi de birininki kabul edilmiş, öbürününki kabul edilmemişti. Kurbanı kabul edilmeyen, kardeşine, 'Seni öldüreceğim' dedi. O da, 'Allah, ancak müttakilerden kabul buyurur' dedi. Yemin ederim ki sen beni öldürmek için el kaldırırsan, ben seni öldürmek için sana el kaldırmam. Çünkü ben âlemlerin Rabbi olan Allah'tan korkarım. Ben isterim ki sen, kendi günahınla beraber benim günahımı da yüklenesin de cehennemliklerden olasın. Zalimlerin cezası işte budur!"* (Mâide 5/27-29).

O güne kadar dünyada hiç ölüm olmamıştı. İlk ölüm katl ile ve kadın sebebiyle oldu.

Kabil, kardeşini öldürmekte kararlı idi ama nasıl öldüreceğini bilmiyordu. Şeytan, insan kılığına girdi. Bir kuş tuttu, kuşun başına taşla vurdu. Ona kardeşini nasıl öldürebileceğini gösterdi. Böylece Kabil, kardeşi Habil'i öldürdü ama cesedi ne yapacağını bilemedi. Önce onu bir sahraya bıraktı. Yırtıcı kuşlar cesedi parçalamak isteyince cesedi sırtına aldı, dolaştı. İki karga gördü. Biri diğerini öldürdü. Sonra gagası ve ayakları ile yeri kazıp ölü kargayı gömdü. Kabil bu hali görünce, "Yazıklar olsun bana! Bir karga kadar aklım yokmuş" diye esef etti ve Habil'i toprağa gömdü.

Muhteremler, akılla ama idraksiz hareket edilirse pişmanlık ve elem olur. Akıl, fikirle mücehhez olmadan rabbânî ilme müracaat etmezse, yapılan her çirkin iş sahibinde bir ruhsal bozukluk meydana getirir. Ahlâkı değişir. Eskiden halim selim olan sertleşir.

ALLAH'IN HÜKMÜNE RIZA GÖSTERMEMEK BÜYÜK HATA

Kabil, kardeşini öldürdükten sonra perişan ve huzursuz oldu. Çok kötü bir iş yaptığı için bedbaht idi. Babasına mahcuptu. Annesinin ve kardeşlerinin karşısına çıkamıyordu. Cezadan korkuyordu. Evlenmesi yasak olan bacısını elinden tuttu, Aden'e kaçtı. Şeytan Kabil'in peşini bırakmadı. Ona, "Kardeşinin kurbanı neden kabul oldu, biliyor musun? O ateşe taptığı için ateş onun koçunu yaktı. Sen de ateşe taparsan bu vebal kalkar" dedi. Dünyada ilk ateşperest Kabil oldu.

Muhteremler, nefis bir günah işlerse, cesaret bulur ve ikinci bir günahı rahatlıkla işler. Yani alışkanlık peyda eder.

Kabil'in helâkine sebep olan en önemli husus, Allah'ın taksimine ve kadere rıza göstermemesi oldu. Resûlullah [sallallahu aleyhi vesellem] buyurdu ki: "Allah Teâlâ'nın kendisi için seçtiği hükmüne rıza göstermesi, âdemoğlunun saadet sebeplerinden biridir. Allah Teâlâ'ya istihareyi terketmek ise şekavet sebeplerindendir. Aynı şekilde Allah'ın hükmettiğine razı olmaması da âdemoğlunun şekavet sebeplerinden bir diğeridir." [9]

HZ. İDRİS ve AKIL

Hz. İdris [aleyhisselâm], Kur'ân-ı Mûcizü'l-Beyan'da ismi geçen peygamberlerdendir. Hz. Âdem'in [aleyhisselâm] oğlu Şit [aleyhisselâm] torunlarından olup kendisine otuz suhuf nâzil olmuştur.

Hz. İdris'e [aleyhisselâm] peygamberlik, hikmet ve sultanlık olarak üç vasıf verilmiştir. Kendisinin pek çok

9 Tirmizî, Kader, 15.

evladı olmuştur. Aralarında en meşhuru Metüşelah ismindeki evladıdır ki bu zatın alnında, Hz. Muhammed'in [aleyhisselâm] Hz. Âdem'in [aleyhisselâm] alnında parlayan nuru parlamıştır.

İdris peygamber insanları 100 küsür sene hidayete davet etmiştir. İsmi, Meryem ve Enbiyâ sûrelerinde ikişer kere zikredilir.

Güzel ahlâka sahip mükemmel yaratılışta bir zattı. Gür sakallı, iri kemikli, gözleri yaratılıştan sürmeliydi. Ağır ağır yürür, yürürken çok zaman önüne bakardı. Konuşurken şahadet parmağı ile işaret eder. Çok tefekkür ederdi. Çünkü tefekkür ilim kapılarından bir kapıdır. İnsan, tefekkürle ilm-i ledün denilen, Allah'ın katından indirilen nuranî ilimle mücehhez olur. İdris'in [aleyhisselâm] cemaati Kabil'in evlatlarından bir cemaat idi. İdris nebî, kavmini Mısır'da Nil nehri kenarına yerleştirmiştir. Kendisi yetmiş iki lisan bilirdi. Bu vasıf Hz. Yusuf'ta da [aleyhisselâm] vardı.

Hz. İdris [aleyhisselâm], dinsizlik cereyanı hâkim olduğu zaman harp aletleri icat etmiş, kâfirlerle cihad etmiştir. İnsanlara şehir kurmayı öğretmiş, kendi hayatında 100 şehir kurulmuştur. Diyarbakır'a yakın Reha şehri İdris peygamberin kurduğu şehirlerdendir.

Hz. İdris nebî, vahiy ilmi ile dolu olması yanında naklî ilimlere de vâkıftı. Riyaziye, fen ilimleri, tıp, astronomi, senelerin hesabının yapılması gibi ilimleri insanlara o öğretmiştir. İlk defa yazı yazan ve elbise diken de İdris nebîdir.

İdris nebî, akılla ilgili çok hikmetli sözler söylemiştir. Bazılarını nakledelim: "Akıllı kimse sultanlara, âlimlere, dostlarına hakaret gözüyle bakmasın. Sıkıntıya düşer, dine zarar gelir, mürüvveti yok olur. Akıllı kimse hikmeti

arar. Umumi bela ve ıstıraplardan dolayı boşuna ıstırap göstermez." Şu halde insanların çekmiş olduğu sıkıntılar akıllarının noksanlığından meydana gelmektedir. Ya irade-i cüz'iyyesini kullanarak kendisi sebep olur veya ahbaplarının münasebetlerinden doğar.

Tövbe edip intibaha gelmek gerekir. Bela ve musibet karşısında sızlanmak onu ortadan kaldırmaz. Bela ve musibetlerin gelişi ya fikrimizin noksanlığından veya işlediğimiz günahlardan dolayıdır. Bütün mürşidler, tekkelerine gelen insanları Allah'a tövbeye ve tasavvuf ahlâkına girmeye davet etmişlerdir. Böylece noksan ahlâkları güzelleşir, işlemekte oldukları günahları terkederler.

Hz. İdris nebî, "Akıllı kimse başkasının ayıbına bakmaz, kusurunu yüzüne vurmaz, malı çoğaldıkça mağrur olmaz, ahlâkını bozmaz" buyurmuştur. Bir başka hikmetli sözü de şöyledir: "Nefsini temiz tutmayanın aklı yoktur. İnsan nasıl olur da aklını metheder, ben akıllıyım, der." Nefsini temiz tutmak günahlardan korunmakla olur. Allah'ın ibadet ve taat emirlerini harfiyen yerine getirmekle olur. Gerek şahsında gerek ailede gerek toplumda kimseye zarar vermemekle olur.

"Akıllı kimse o kimsedir ki dünyadaki hali küçük olsa bile insanlar arasında basiret sahibi ve ulu kimsedir." "En kötü karanlık akılsızın cehaletidir." Burada cehalet sözü, bilinen manada değil, hidayete gözünü ve gönlünü kapayan kimse için söylenmiştir. "Akıllı ile cahilin arasını ayıran şey, idrak sahibi ne konuşursa lehine olur. Akıllı olduğunu zannedip de idraki olmayan kimse, ne konuşursa kendi aleyhine olur."

"Kişinin hayır ve hikmeti elde etmesi ve kendisini ayıplardan muhafazası üç şeye sahip olmakla olur:

1. Bir vezire sahip olmak,

2. Bir veliye sahip olmak,

3. Bir arkadaşa sahip olmak."

Bir vezire sahip olmakla, akıl kastedilmiştir. Akıl, insanı sevk ve idare eden bir vezir hükmündedir. Veli, insanın iffeti, hayâsı ve imanıdır. Arkadaşı ise amel-i salihtir.

Hz. İdris'in [aleyhisselâm] bu hikmetli sözlerinden sonra kısaca ilimlerden bahsedelim: İnsan, hayatının her safhasında ve anında yaşayış ve düşüncelerini Allah'ın itaatine sevkederse, kalbine ilâhî rahmet, mağfiret ve hidayet girer ki ilm-i ledün bu nuranî ilimden teşekkül eder.

İLİM ALLAH'I BİLMEK İÇİNDİR

Bir kimse mevcudata baktığı zaman eşyanın hakikatini idrak ederse, bu kimse kendisini hayvandan ayırmış olur. Eşyanın hakikati Allah'ı tanımak içindir. Buna marifet-i ilâhiyye denir. İnsan, naklî ilimlerle eşyaya dikkat edip hakikatini idrak etmeli ve hâlikını tanımalıdır.

İnsanın kalbindeki kanı pompalayan, sinüs noktası denilen ve kalbin üstünde cereyan üreten, küçük parmağın tırnağı büyüklükte bir et parçası vardır. Bu et parçası bir buçuk voltu vurur, dakikada altmış yetmiş defa atar. 20. yüzyıl teknolojisi etten cereyan üreten akü, pil gibi bir teknolojiye kavuştu mu? Hayır. Bu kalbin hakikatidir. Kalbe, küçük parmağın tırnağı kadar bir et parçası cereyan veriyor, kalp irkiliyor. Sıkışınca içindeki kanı pompalıyor. Bir doktor ki, bu ilâhî cereyan ile hâlikını tanımadıysa, naklî ve aklî ilimlere sahip olmasına rağmen hâlikından gafildir.

İnsan vücudunda sinüs noktası gibi pek çok mekanizma vardır. Bir ilim adamı bunları gördüğü halde ilimden imana, imandan marifet ve yakîne geçemediyse, mukallit (taklitçi) bir bilim adamı olmakla kalır.

Dünyamızın sobası güneştir. Güneşin merkezindeki sıcaklık 15 milyon santigrat dereceye ulaşır. Her saniye, güneşin içinde 616 milyon ton hidrojen, 612 milyon ton helyuma çevrilir. Her gün 53.220.400 ton hidrojenin helyuma dönmesiyle dünyamız ısınır. Güneş, Samanyolu galaksisinde saniyede 250 km. hızla gezegenleri ile birlikte seyahat eder. Güneşten milyonlarca misli büyüklükte yıldızlar vardır.

Güneş, 1.300.000 dünyayı içine alacak büyüklüktedir. Güneşin içinde bulunduğu Samanyolu galaksisinde 200 milyar yıldız vardır. Biz, dünya olarak bu kadar muazzam hareketler içerisinde gezeriz de hâlâ bu yaratıcı ilâhî kuvveti müşahede ile vâcibü'l-vücûdu tefekkür etmeyiz ... Eğer insan, mükevvenattaki münasebettar olduğu her şeyle ilgisini keşfetse, her ne münasebette bulunduğu işin hikmet ve hakikatinin bilim dalını büyütse, azamet-i ilâhiyeyi müşahede eder ki, bu eşyanın hakikatinin şahitliği ile Allah Teâlâ'yı tanımanın yoludur. Kısaca diyebiliriz ki: İlim Allah'ı bilmek içindir.

"İlim Çin'de de olsa onu talep ediniz (öğreniniz). Çünkü ilim öğrenmek, erkek ve kadın her mümine farzdır" [10] hadis-i şerifi ile, bir kimse tevhid ilmiyle Allah'ın azametini bilmeye mecburdur. Tevhid ilmi asıl ilimdir. Allah'ın zatını bildiren ilimdir. Yeryüzünde ne kadar ilim varsa tevhid ilminin yardımcılarıdır.

---

10 Aclûnî, *Keşfü'l-Hafâ*, nr. 397; İbn Arrâk, *Tenzîhü'ş-Şerîa*, 1/258.

AKLIN ALAMETİ: DOĞRULUK ve SABIR

Hz. İdris [aleyhisselâm] peygamber olarak insanların ve her şeyin yaratıcısının Allah Teâlâ olduğunu göstermiş; kavmini Allah'a imana davet etmiş, onları günahlardan sakındırmaya çalışmış, doğruluğu ve sabırlı olmayı göstermiştir. Kur'ân-ı Kerîm'de, *"İdris'i de an. Çünkü o çok sadık bir peygamberdi"* (Meryem 19/56) âyet-i celilesi ile bildirilir ki, İdris [aleyhisselâm] sıdk yani doğruluk sıfatı ile bize tanıtılır.

Doğruluk insanda altı manada gelişmelidir:

1. Sözde doğruluk,

2. Niyette doğruluk,

3. İradede doğruluk,

4. Azimde doğruluk,

5. Amelde doğruluk,

6. Dinin bütün makamlarında doğruluk.

Sözde doğruluk, dilin yalandan muhafazasıdır. Dil, şeriata uymazsa, her sözü söylemek gevezeliğini âdet edinirse yalancılığa dönmüş olur. Doğruluk, hakikat-i ilâhiyyenin her bir makamına itaat etmekle gerçekleşir.

Niyetteki sadakate ihlâs denir. Zıddı riyadır. "Ben akıl sahibiyim" diyen bir mümin, önce kalbini ve dilini doğrultur. İmanın hakikatlerine kavuşur. Niyetle de amellerini doğrultması lazım gelir. Niyetteki doğruluk ihlâsla gerçekleşir. İhlâstaki doğruluk, "İlimle ne amel ettin?" le gerçekleşir. İlimle doğruluk, "Amelini Allah için mi, menfaat için mi, şöhret için mi yaptın?" diyerek insanın sorumluluğunu ortaya çıkarır. Hz. İdris [aleyhisselâm], bu altı doğruluğu yaşamış ve bunları ümmet-i Muhammed'e de miras bırakmıştır.

Azimde doğruluğa ne hakikat olacaksa Allah hesabına niyet getirip azmetmekle kavuşulur. Azimde vefa ister. Bunun için de sabır, metanet ve sıdk gerekir. Bu sıfatlar ortaya çıkmadıkça ameller kâmil olmaz.

Bir kimsenin niyeti doğru, ameli bozuksa riyakâr defterine geçer. Riyakârlığını menfaat için yapıyorsa yalancılar defterine geçer. İnsanı Allah'a götüren doğruluk, takvadaki doğruluktur. Takva, haramlardan, günahlardan sakınmaktır. Bir insan amellerinde haramlardan korunmadıkça takva sahibi olmaz. Eğer takva sahibi ise tevekkül teşekkül eder. Bütün işlerinde Allah'ın rızasını arar. Bu kimseye sadık denir, sıddık denir. Muhteremler, bu saydıklarımız aklı olanın harcıdır. Aklı olmayan ise, saydığımız zıtlarla kendisini helâke götürür.

Hz. İdris'in [aleyhisselâm] vasıfları nakledilirken sabır sıfatı zikredilmiştir. Enbiyâ sûresinde, *"İsmail'i, İdris'i ve Zülkifl'i de (yâdet). Hepsi de sabreden kimselerdendi"* (Enbiyâ 21/85) buyrulmaktadır. Fahr-ı Kâinat Efendimiz'e, "Sabır nedir?" diye sorulduğu zaman, *"İmandır. Sabır imanın yarısıdır"* [11] buyurmuştur.

Allah Teâlâ, sabırla ilgili olarak şöyle buyurmuştur: *"... Yalnız sabredenlere mükâfatları hesapsız ödenecektir"* (Zümer 39/10), *"Ey iman edenler! Sabır ve namaz ile Allah'tan yardım isteyin. Çünkü Allah muhakkak sabredenlerle beraberdir"* (Bakara 2/153).

Demek ki akıllıda sıdkın mertebelerinin teşekkül etmesi lazım gelir. Onun için Resûlullah Efendimiz [sallallahu aleyhi vesellem], *"Size verilen en az şey yakîn ve sabırdır. Bu ikisinin kendisine verildiği kimse, çok nâfile namaz kılmasa, çok oruç tutmasa da korkmasın"* buyurmuştur.

SABIR KALKANDIR

Sabır insanlara mahsustur. Hayvanlarda yoktur. Şehvet ve gazabın arzularına karşı koyarak ibadetlere devam eden sabredip sebat ettiklerinden dolayı sevap verilir. Şehvetin ve gazabın zaptedilmesi kuvvetli inançla mümkün olur. Kezâ aklın kemalâtı da iman kuvvetiyle meydana gelir. Mümin, imanın kuvveti ile nefsinin arzularına direnir, devamlılık gösterirse sabırının mükâfatını Cenâb-ı Hakk'tan ziyadesi ile alır. İşte nefsini yener, iman kuvvetini galebe çaldırırsa, bu sabra zafer denilir. Bu yüzden mümin, yirmi dört saat hiç bitmeyen bir nefis muharebesi içindedir.

---

11 İbn Mâce, Sıyâm, 44; Taberânî, *Mu'cemü'l-Kebîr*, 9/104; Heysemî, *Mecmau'z-Zevâid*, 1/220 (nr. 188).

"Kendisine sizin de şeytanınız var mı?" diye soran sahabilerine Fahr-i Kâinat Efendimiz [aleyhisselâm], *"Evet, benim de şeytanım var. Ancak Allah Teâlâ ona karşı bana yardı etti ve teslim olup emrime girdi"* [12] buyurmuştur. Cihadda olanlar ya yenilirler ya da galip gelirler. O zaman akıl yaratılış nuruyla hakikat-i ilâhîyeye yapışır, dinî sebeplerle insana yardım eder. Bu kavga, nefis ve şeytan hesabıyla gazap kuvvetine verilirse, dünya menfaati için helâli haramı tanımazsa, bu kimseye akıllı denemez. Genel manada akıl herkeste olsa da böylesine, mağlup olmuş insan denilir. Muzaffer yani zafer kazanan insanın zıddıdır.

Şimdi, akıllı kimsede teşekkül eden sıfatları sayalım: Sabır vardır. Şehvette sabrederse iffet vardır. Gazabına sabrederse şecaat sahibi olur. Sabırdan iman gelişir. İman, marifete götürür. Marifet, amel-i salihleri işletir. O da manevi keşif, keramet ve nuranî hallerin doğmasına sebep olur.

PEYGAMBERLER HAK YOLA ÇAĞIRIR

Hz. İdris'ten [aleyhisselâm] sonra gönderilen peygamber Nuh'tur [aleyhisselâm]. Oğullarından Sam, Ham ve Yafes kendisine iman etmiş, Kenan ise iman etmemiştir. Nuh'un babasının dedesi İdris, İdris'in dedesinin dedesi de Şit'tir (Allah cümlesinden razı olsun).

Hz. İdris'in [aleyhisselâm] zamanında çok âlimler imana gelmişlerdir. Bu zatlar Arap yarımadasının çeşitli yerlerine giderek İdris peygamberin getirdiği tevhid dinini yaymışlardır. Bu âlim zatlar içinde en tanınmışları Veb, Yegus ve Suva'dır. Bu sıralarda, peygambere iman etmeyen

---

12 Tirmizî, Tefsîr, 3; Ahmed b. Hanbel, *el-Müsned*, 1/375.

münafıklar dini bozmak için hileler aramaya başlamışlardır. Bir hile olarak da şöyle düşünmüşlerdir: "Bu âlimlerin resimlerini dağıtalım, vücutlarının baş kısmının heykellerini yapıp etrafa dikelim." Öyle de yapmışlar. Zaman geçmiş, bu heykellerle münafıkların güttüğü mana teşekkül ederek, o imanlı âlim zatların faziletleri unutulmuş, fakat insanlar onları ibadet edilen putlar haline çevirmişlerdir. İşte İdris nebîden Hz. Nuh'a [aleyhisselâm] kadar dikilen bu heykellerin hakikatleri unutulmuş; birer put ve ilâh olarak kabul edilmişler ve insanlar böylece putperestliğe başlamışlardır. Allah korkusu ortadan kalkmış, zulümler artmış, fuhşiyat yayılmıştır.

İşte o günlerde imanını sürdürmekte olan ve Kûfe'ye yakın şehirlerde bulunan bu müminler insanların taşkınlık ve azgınlıklarına kapılmadan yaşıyorlardı.

Hz. Nuh [aleyhisselâm] yetişti. Çobanlık yapan ve ticaretle uğraşan Nuh peygamber, gençliğinden itibaren putlara ve putperestlere nefretle bakıyordu. Nuh'un [aleyhisselâm] devrinde Dermesil isminde içki ve kumara düşkün kötü bir hükümdar vardı. İlk puthaneyi de o yaptırmıştı.

Allah Teâlâ, elli yaşında iken Hz. Nuh'a [aleyhisselâm] peygamberlik verdi. Bir gün Cebrâil [aleyhisselâm] Nuh peygambere geldi: "Ben Cebrâilim. Allah Teâlâ tarafından peygamberliğini bildirmek için geldim. Kavmine git, Dermesil'e git, onları Allah Teâlâ'ya iman etmeye ve yalnız O'na ibadet etmeye çağır" dedi. Kur'ân-ı Kerîm'de buyruluyor ki: *"Andolsun ki Nuh'u elçi olarak kavmine gönderdik. Dedi ki: Ey kavmim! Allah'a kulluk edin, sizin ondan başka tanrınız yoktur. Doğrusu ben, üstünüze gelecek büyük bir günün azabından korkuyorum"* (A'râf 7/59); *"Andolsun, biz Nuh'u kavmine elçi gönderdik. Onlara:*

'Ben (dedi), sizin için apaçık bir uyarıcıyım.' Allah'tan başkasına tapmayın! Ben, size (gelecek) elem verici bir günün azabından korkuyorum" (Hûd 11/25-26).

Dermesil'in yaptığı tapınakta, Kabil'in zamanında ihdas edilen bayram dolayısı ile kurbanlar kesildi. İnsanlar içki içmekte ve ahlâksızlık halinde idi. Hz. Nuh [aleyhisselâm] oraya gitti. "Ey benim kavmim! Allah Teâlâ'dan size nasihatçi olarak geldim. Ben sizi hak dine davet ediyorum. Allah tarafından gönderilmiş bir peygamberim, ibadet yalnız Allah'adır. Siz putlara ibadet edip kurbanlar kesiyorsunuz. Bu hepiniz için bir küfürdür, sapıklıktır. Böyle yapmayın" dedi. Dermesil, "Bu kimdir?" diye sordu. Kavmin ileri gelenleri, "Ey melik, bizim kavmimizdendir. Önceleri akıllı biriydi. Sonra aklını kaybetti ve peygamberlik iddiasına çıktı. Şu anda cinneti tuttu da böyle konuşuyor" dediler. Dermesil, "Bu zat ne söylüyor?" diye sordu. "İnsanları, bir olan Allah'a inanmaya davet ediyor. Bu kadar değişik putlarımızın hepsini reddediyor" cevabını verdiler. Bu sözlere şiddetle kızan Dermesil, adamlarına Hz. Nuh'u [aleyhisselâm] yakalattı. Onu sarsmaya ve hakaret etmeye başladılar. Dermesil, Nuh peygambere şöyle dedi: "Ey Nuh, sen bizim bilmediğimiz şeyleri anlatıyorsun. Bugün bayram günü olmasaydı seni şiddetli azapla öldürtürdüm!"

Nuh peygamber, inanmayanları Allah Teâlâ'nın azabından korkutmaya başladı. Kavmin uluları bu halden rahatsız oldular. Onu kendilerine rakip olarak gördüklerinden ona iftiralara koyuldular. Nuh [aleyhisselâm], bütün itiraz, iftira ve yalanlara karşı sabrediyordu. İnsanlara yalvarırcasına onları hak dine çağırıyordu. Bu olaylar Hûd sûresi, 25. âyetten itibaren Kur'ân-ı Kerîm'de tafsilatıyla bildirilmektedir.

HZ. NUH'UN GECE GÜNDÜZ HAK DAVETİ

Nuh [aleyhisselâm] geceleri teker teker insanların evlerine giderek tebligat yapıyordu. Ne eziyet görse tebliğine devam etti. Kavminin taşkınlıklarına karşı hiçbir surette yılgınlık göstermedi. Onlara, *"Ey kavmim! Ben, ona (peygamberliğe) karşılık sizden bir ücret istemiyorum. Benim ücretim, beni yaratandan başkasına ait değildir. Hâlâ aklınızı kullanmıyor musunuz?"* (Hûd 11/51) dedi. Kavmi onu devamlı yalancılıkla suçladı. *"Dediler ki: Ey Nuh! (Bu davadan) vazgeçmezsen, iyi bil ki, taşlanmışlardan olacaksın!"* (Şuarâ 26/116). İnsanlar onu görmemek için elbiseleri ile yüzlerini örttüler; parmakları ile kulaklarını tıkadılar. Hakaret ve şiddeti artırdılar. Öyle ki, Nuh'u [aleyhisselâm] bayıltıncaya kadar döverler, ayaklarından çekerler, mezbelelik yerlere götürüp atarlardı. Öylesine taşa tutarlardı ki Nuh peygamberin bedeni biriken taşlar arasında görünmez hale gelirdi. Öldü sanıp oradan ayrılırlar, Cebrâil [aleyhisselâm] Nuh'un [aleyhisselâm] yanına gönderildi, onu tedavi etti. Böylece Allah Teâlâ'nın izniyle Nuh peygamber eski sağlık ve sıhhatine kavuştu. İyileşince Allah'a şükredip namazını kılan Hz. Nuh [aleyhisselâm], "Yâ Rabbi, izzetine yemin ederim ki onlardan bana gelen bela ve musibetler, benim sabrımı artırmaktan başka bir şeye yaramıyor" derdi.

Dermesil öldü. Oğlu başa geçti. Babasından daha zalimdi. Hz. Nuh [aleyhisselâm] irşada başlayalı 400 sene olmuştu. Nuh peygamber tebliğ görevinden asla vazgeçmedi. Kavmi ona dediler ki: *"Dediler ki: 'Ey Nuh! Bizimle mücadele ettin ve bize karşı mücadelede çok ileri gittin. Eğer doğrulardan isen, kendisiyle bizi tehdit ettiğini (azabı) bize getir!' (Nuh) dedi ki: 'Onu size ancak dilerse Allah*

getirir. Ve siz (Allah'ı) âciz bırakacak değilsiniz'" (Hûd 11/32-33). "(Sonra Nuh:) Rabbim dedi, doğrusu ben kavmimi gece gündüz (imana) davet ettim. Fakat benim davetim ancak kaçmalarını artırdı" (Nûh 71/5-6).

Kâfirler, "Eğer doğrulardan isen, kendisiyle bizi tehdit ettiğini (azabı) bize getir!" (Hûd 11/32) dediler. Allah Teâlâ onlara kırk sene müddetle yağmur vermedi. Kırk senede hiçbir kadın çocuk doğurmadı, nesilleri kesildi. Malları, koyunları, sığırları helâk oldu. Bağ bahçe ne varsa kurudu. Ne yapacaklarını bilemez hale geldiler. İlk yağmur duası Nuh'un [aleyhisselâm] gününde yapıldı.

Yağmur duasında günahlara istiğfar edilir. Hz. Nuh'un [aleyhisselâm] kavmine gelen bela, günahları dolayısıyla Allah'a istiğfar etmemelerindendi. Günahı çok olanların istiğfarları, istiğfarları çok olanların da günahları az olur. Mümin olanın her gün yüz defa istiğfar etmesi lazımdır. Allah çok istiğfar edene her darlık ve sıkıntıdan bir çıkış yolu nasip eder. İstiğfara devam eden kimse, gam, kasavet ve hüzünden kurtulur. İbn Ebû Mücahid hazretleri, "İstiğfar, en kilitli kapıları açar" buyurmuştur. Kim, üzerinde bulunduğu yolun bozuk ve yanlış olduğunu açık ve kati deliller ile öğrenmek isterse kendi nefsinin ayıplarını keşfetmeye çalışsın. Günahlarını birer birer terketsin. Günahlar terkedildikçe Allah Teâlâ kulları istikamete götürür.

HZ. NUH'UN GEMİSİNE BİNEN KURTULDU

"Nuh'a vahyolundu ki: Kavminden iman etmiş olanlardan başkası artık (sana) asla inanmayacak. Öyle ise onların işlemekte olduklarından (günahlardan) dolayı üzülme" (Hûd 11/36).

Nuh peygamber, o vakte kadar iman edenlerden başkasının artık kesinlikle yola gelmeyecekleri kendisine vahyedildikten sonra Allah Teâlâ'ya şöyle niyaz etti: *"(Böylece) onlar gerçekten birçoklarını saptırdılar. (Rabbim!) Sen de bu zalimlerin ancak şaşkınlıklarını artır!"* (Nûh 71/24). *"Nuh: Rabbim, dedi, yeryüzünde kâfirlerden hiç kimseyi bırakma! Çünkü sen onları bırakırsan kullarını saptırırlar; yalnız ahlâksız, nankör (insanlar) doğururlar (yetiştirirler). Rabbim! Beni, ana babamı, iman etmiş olarak evime girenleri, iman eden erkekleri ve iman eden kadınları bağışla, zalimlerin de ancak helâkini artır!"* (Nûh 71/26-28).

Her akıllı bilmelidir ki her insan için, bu dünyadaki nasibinin bitme devri vardır. Buna ecel denir. O ecelin vakti bilinmediğinden, belki şu anda bile olabileceğinden, hemen Allah'a itaat etmek lazım gelir. Ey sûfî, ecel gelmeden, tövbe vakti tükenmeden, hemen bugün tövbeye başla.

Allah Teâlâ, Nuh'a [aleyhisselâm] gemi yapmasını ve kavminin helâk olma vaktinin geldiğini vahyetti. *"Gözlerimizin önünde ve vahyimiz (emrimiz) uyarınca gemiyi yap ve zulmedenler hakkında bana (bir şey) söyleme! Onlar mutlaka boğulacaklardır!"* (Hûd 11/37).

Nuh peygamber evladı ve kavminin iman edenleri ile gemi yapmaya başladı. Bunun için çok ağaca ihtiyaç vardı. Bulundukları yer ise kurak ve ağaçsızdı. Bu yüzden ağacı bol olan bir yere gittiler. *"Nuh gemiyi yapıyor, kavminden ileri gelenler ise yanına her uğradıkça onunla alay ediyorlardı. Dedi ki: Eğer bizimle alay ediyorsanız, iyi bilin ki siz nasıl alay ediyorsanız biz de sizinle alay edeceğiz! Kendisini rezil edecek azabın kime geleceğini ve*

sürekli bir azabın kimin başına ineceğini yakında bileceksiniz" (Hûd 11/38-39). O zaman gemi diye bir şey bilinmiyordu. Hz. Nuh [aleyhisselâm], "Su üzerinde yürüyecek ev yapıyorum" diyordu. Kavmi, "Peygamberlik davasından bir şey çıkaramadın, şimdi de marangozluğa mı başladın! Seksen senedir yağmur yağmıyor, bu gemi nerede yüzecek?" diye alay ediyordu.

Nuh peygamber kavmini tekrar uyardı:

"Allah Teâlâ yeryüzünü küfür ve zulümden temizleyecek, geliniz. Davetimi son defa yapıyorum. Cahillik etmeyin. Allah'a itaat edin. Ben sizin iyiliğinizi istiyorum. Siz bilmiyorsunuz ama Cenâb-ı Hakk'ın azabı en kısa zamanda büyük bir tufan şeklinde gelecek. Bildirdiklerime inanmayan herkes helâk olacak. Bu yaptığım gemi, iman edenlerin binip kurtuluşa erecekleri gemidir. Allah Teâlâ, iman etmeyen âsileri muhakkak suda boğacak. Bu benim, herkesin duymasını istediğim en son nasihatımdır." Kavmi ona, "Ey Nuh, uzun yıllardan beri bu sözleri söyledin durdun. Şimdi ne kadar yanılgıda olduğunu görüyorsun ya. Kuru çöl ortasında, denizde yüzen ev yapıyorsun. Bizi tufanla korkutuyorsun. Sözlerine inanmıyoruz" dediler.

SENİ ZİKREDENE ZARAR VERMEYİZ

Nihayet yerden sular kaynamaya başladı. Allah Teâlâ, Nuh'a [aleyhisselâm], gemiye neler alacağını vahyetti. Ehlî ve vahşi hayvanlar alındı. Rivayete göre yılanla akrep de gemiye binmek istediler. Nuh peygamber onlara, "Siz zarar ve belaya sebep olan hayvanlarsınız. Sizi gemiye bırakmam" dedi. Onlar, "Ahdimiz olsun, seni zikreden, ismini söyleyen kimseye zarar vermeyiz" dediler.

Akrep aslan gibi zararı dokunacak hayvanları gördüğünüzde, Nuh'un [aleyhisselâm] ruhaniyetinden istimdad edip, "Selâmün alâ Nuhun fi'l-âlemin" derseniz, zararından emin olunur.

Gemiye binen müminlerin sayısı hakkında değişik rivayetler yapıldı. Abdullah b. Abbas hazretlerinden rivayette bu sayı seksen idi.

Hz. Nuh [aleyhisselâm] son bir defa daha zamanın melikine, tufanın başladığı haberini göndererek kendisini imana davet etti. Melik, atına binip geminin yanına geldi. Nuh nebî ona, "Ey melik, bu, daima size söylediğim gazab-ı ilâhîyedir. Allah Teâlâ'nın azabı zâhir oldu" dedi. Melik ve müşrikler bu hali zamanında yağan şiddetli yağmurlar zannettiler. Son daveti de kabul etmediler.

Nuh [aleyhisselâm] gemiye herkesin besmele ile binmesini emretti. Bütün müminler, o azgın kâfirlerin önünde Nuh peygamber ile beraber gemiye bindiler. *"(Nuh) dedi ki: 'Gemiye binin! Onun yüzüp gitmesi de durması da Allah'ın adıyladır. Şüphesiz ki Rabbim çok bağışlayan, pek esirgeyendir'"* (Hûd 11/41).

Hz. Nuh'un [aleyhisselâm] ikinci hanımı Vaile ile ondan olan oğlu Kenan, Nuh peygambere iman etmemişlerdi ve de gemiye binmediler. Vaile, mürted olduktan sonra alçak insanlarla birlikte Nuh'a [aleyhisselâm] hainlik ve hakaret etmişti.

"Gemi, dağlar gibi dalgalar arasında onları götürüyordu. Nuh, gemiden uzakta bulunan oğluna, 'Yavrucuğum! (Sen de) bizimle beraber bin, kâfirlerle beraber olma!' diye seslendi" (Hûd 11/42). Hz. Nuh'un Kenan isimli bu oğlu babasına iman etmemiş; babası inananları gemiye

bindirirken o ayrılarak bir kenara çekilmişti. Diğer oğulları Ham, Sam ve Yafes babalarına inanmış ve onunla beraber gemiye binmişlerdi. *"Oğlu, 'Beni sudan koruyacak bir dağa sığınacağım' dedi. (Nuh), 'Bugün Allah'ın emrinden (azabından), merhamet sahibi Allah'tan başka koruyacak kimse yoktur' dedi. Aralarına dalga girdi, böylece o da boğulanlardan oldu"* (Hûd 11/43). *"(Nihayet), 'Ey yer suyunu yut! Ve ey gök (suyunu) tut!' denildi. Su çekildi; iş bitirildi; (gemi de) Cûdî (dağının) üzerine yerleşti. Ve, 'O zalimler topluluğunun canı cehenneme!' denildi. Nuh Rabb'ine dua edip dedi ki: 'Ey Rabbim! Şüphesiz oğlum da ailemdendir. Senin vaadin ise elbette haktır. Sen hâkimler hâkimisin.' Allah buyurdu ki: 'Ey Nuh! O asla senin ailenden değildir. Çünkü onun yaptığı kötü bir iştir. O halde hakkında bilgin olmayan bir şeyi benden isteme! Ben sana cahillerden olmamanı tavsiye ederim.' Nuh dedi ki: 'Ey Rabbim! Ben senden hakkında bilgim olmayan şeyi istemekten sana sığınırım. Eğer beni bağışlamaz ve esirgemezsen, ben ziyana uğrayanlardan olurum!'"* (Hûd 11/45-47).

Bir adamın babası peygamber de olsa, salih amel işlemezse helâk olmaktan kurtulamaz. Allah hepimizi salih amel işleyenlerden eylesin. Âmin.

TASAVVUFUN AKIL KAVRAMINA BAKIŞI

Allah Teâlâ insanlara, dünya hayatının saadeti ve ahiret hayatının kazanılması için akıl nimetini vermiştir. Bu bir devlettir, bu bir rahmettir. Bu akılla insan hem dünyada mutluluğa hem de ahirette ebedî saadete kavuşur. Fikir, idrak ve zekâ denilen şey de aklın semeresi, akıldan beklenen hakikatin kendisidir.

Akıl, yemek içmek ister. Hayvanlar da yapıyor. Akıl evlenmek ister. Hayvanlarda da var. Demek, akıl sözü umumidir. Fikir, idrak ve zekâ sözleri insanoğluna aittir. Hiçbir hayvanda idrak ve fikir yoktur. Delili: Kuşlar, milyonlarca senedir yuvalarını aynı yapar. Oysa insanlar her devirde gelişme gösterirler; farklı evler, araçlar yaparlar. Hayvanların aklı menfaatleri için, insanların aklı ilâhî kazancı elde etmek suretiyle ahirette azaptan kurtulmak içindir.

Sahabeden Günümüze Veliler ve Kerametleri isimli kitabın birinci cildinden sohbetimize devam edelim: Tasavvuf nedir? Tasavvufta aklın ve idrakin fonksiyonu nedir? Tasavvuf, safa ve vefa gözetmektir. Kalp ve nefsin temizlenmesine safa denir. Vefa ise Allah'a kulluk ve itaate riayet ederek bağlılıktır. İşte akıl bunun için verilmiştir. Tasavvuf dört ana konuyu içine alır:

1. Allah'ı, zatını, isimlerini, sıfatlarını, fiillerini layıkıyla bilmek, öğrenmektir.

2. Kendi nefsini, insan nefsinin isteklerini, bunların doğurduğu kötülükleri, bunlardan sakınmayı bilmektir.

3. Şeytanın vesveselerini, insanı Allah yolundan saptırmak için tuzaklarını bilmek, hilelerini öğrenmek, şeytandan korunmaktır.

4. Dünyanın mahiyetini, dünyanın aldatma yollarını, dünyanın kandırıcı yüzünden kurtulma yollarını bilmektir.

Tasavvufun çok çeşitli tarifleri yapılmıştır. Bunlardan bazılarını nakledelim: Hadis hafızı Ebû Nuaym şöyle buyurmuştur: Tasavvuf, Allah Teâlâ'yı layıkıyla tanımak (marifet), O'na sağlam bir şekilde kulluk etmek, kulluğu da hayatı boyunca yapmaktır. Tasavvuf, güzel ahlâkı yaşamak içindir.

Cüneyd-i Bağdâdî hazretleri tasavvufu, her kötü huyu terketmek, iyi ahlâk ile ahlâklanmak olarak tarif etmiştir. Tasavvuf, çok uzun bir yoldur.

Tasavvuf, nefsin ve şeytanın insan yollarını genişlettiği bir yerde Allah'ın emrettiği hakikate yapışmaktır. Tasavvuf, Allah'ın nimetlerine kanaat getirip hoşnut ve razı olmaktır. Tasavvuf, Allah'ın gönderdiği nimetlere değil, onun sahibi Allah Teâlâ'ya yönelmektir. Çok uykusuz

kalarak çok ibadet tasavvuf değil, bunlarla Allah'ın aşkı, korkusu, muhabbeti meydana gelirse tasavvuftur. Tasavvuf, ibadetlere yapışmadan, ahlâkı güzelleştirmeden, kader-i ilâhiyyeden hoşnut ve razı olmadan ele geçmez.

Tasavvuf, fâni dünyadan vazgeçip ebedî ahirete talip olarak onu kazanmanın yoludur. İşte bütün bu halleri yaşayan kimseye veli denir. Veli o kimsedir ki görüldüğü zaman Allah'ı hatırlara getirir. Veli, kendisi ile oturup kalkana Allah'ın azametini anlatır; Allah için amel-i salih kazandırmaya sebep olur. Asrın fitnelerinden, günahlı ve şerli işlerinden korumaya vasıta olur. O, yemesinde, içmesinde, hayatın her safhasında Allah'ın rızasının nasıl kazanılacağının usulünü ve hikmetlerini gösterir. Musibet ve belalara karşı duası çok makbuldür.

Tarikat ise yol, usul, metot manasına gelir. Tarikat, kuruluşuyla beraber, şeyh, mürid, sâlik, halife, zikir gibi Allah'a yaklaşıcı hal ve ilimleri içinde taşımıştır. Şeyh, mürşid, tarikatı yöneten kâmil insandır. Her asırda kâmil insan vardır ama makamları birbirine eşit değildir.

Mürşidin büyüklüğü ve tarikatın kemalâtı, müridlerin çokluğuna ve ne kadar çok insanı kötülüklerden kurtardığına bağlıdır. Şeyhin rütbesi ve kemalâtı elbette Allah katındadır ama büyüklüğünün bir ölçüsü vardır. Şeyhin en büyük kerameti, kalpleri görme, nefisleri müşahede etme, şeytanın bunlara yaklaşmalarını gözetleme güç ve kuvvetine sahip olmasıdır. Şeyhlik, zâhirde de kâmil ilim sahibi olmayı gerektirir. Nakşibendîlik'te, medrese tahsili görmeyen, molla denilecek bir ilme sahip olmayan şeyh olamaz. Şeyh olunabilmesi için Kur'an'ın hakikatlerini, hadis-i şeriflerin sırlarını, insanların günahlarının çeşidini bilmesi ve bunları ıslah edebilme kabiliyetine

sahip olması lazım gelir. Bütün bunlar da Allah'ın izni ve lutfuyla olur. Tasavvufta insanı muvaffak eden, güzelleştiren, hakiki kul yapan Allah'tır.

Daha evvel de arzettiğimiz gibi eşyanın hakikatini bilmek Allah'ı tanımak içindir. Eşyanın hakikati milyonlarca çeşittir. Aklî ve naklî ilimler eşyanın fiziksel, kimyasal, biyolojik ... vasıflarını nakleder, birbirleriyle münasebetlerini gösterir. Ama bu, tıp, fizik, kimya, astronomi, biyoloji, mantık ve benzeri ilimlerle eşyanın hakikati değil, eşyanın kendisi öğrenilir. Bütün bu ilimler insanı Allah'a götürmezse, müsbet ilim, naklî ilim olur. Bunları öğrenen profesör de olur ama, Allah Teâlâ'yı tanımadığı için eşyanın hakikatini idrak etmiş sayılmaz.

Allah Teâlâ tatlıları yarattığı gibi zıddı olan acıları da yaratmıştır. İnsanlar bunların sadece maddi tarafında kalırsa Allah'ı tanıyamaz. Bunların yaratılışındaki ilâhî kudretleri müşahede edersek eşyanın hakikatini anlamış oluruz. Bu bilgiye marifet-i ilâhiyye (marifetullah) denir. Yüce Allah'ı biliyorsak, ilâhî kanuna, Kur'ân-ı Kerîm'e, hadis-i şeriflere uymamız gerekir.

Allah'ın, kalbe bir nur koyarak dilediğini hidayete götürmesi ile Allah Teâlâ'ya yaklaşılır. Bunun için Kur'ân-ı Mûcizü'l-Beyan'da, *"Bir kimseye Allah nur vermemişse, artık o kimsenin aydınlıktan nasibi yoktur"* (Nûr 24/40) buyrulmaktadır.

ASIL İLİMLER DALÂLETTEN HİDAYETE GÖTÜRÜR

Asıl ilimlerin şer'î ilimler olduğunu, insanın dininin tamamlanmasına sebep olduklarını arzetmiştik. Şimdi, İmam Gazâlî hazretlerinin *el-Münkız Mine'd-Dalâl* (dalâletten hidayete) isimli eserine bakalım:

İmam Gâzâlî [rahmetullahi aleyh] bu eserde, insanoğlu-
nun ne tarzda ilim sahipleri olduğunu ortaya koymuş;
Allah Teâlâ'ya giden hakikat ilimlerini, kulluğu, isyanı, in-
sanların birbirleriyle münasebetteki hukukunu, Cenâb-ı
Hakk'a karşı mesuliyetimizi ve ceza almamızın hikmet
ve hakikatlerini araştırmıştır. Bu hususu kendisi ifade et-
mekte ve, "Ben bütün ilimleri okumaya, bunların hüküm-
lerini öğrenmeye azmettim. Bundan dolayı da dünyada
bilinen dört türlü ilmi inceledim. Tâ ki eşyanın hakikatini,
mevcudatın yaratılışını bileyim, Allah'a kulluk edeyim"
demektedir. İşte bunun için bu eseri yazmıştır.

İmam Gazâlî [rahmetullahi aleyh], ilk olarak kelâm ilmini
araştırmıştır. Kendi ifadesiyle kelâm ilminin gayesi Ehl-i
sünnet inancını bid'atçıların vesvese ve kuruntularına
karşı korumaktır. İkincisi, Bâtınîler'dir. Bunlar gerçeği
sadece yanılmaz imamlarından öğrendiklerini söyler-
ler. Üçüncüsü felsefeciler olup, bunlar mantığa ve ke-
sin delile dayandıklarını iddia ederler. Dördüncüsü ise
sûfîlerdir. Bunlar da müşahede ve mükaşefeye dayanan
ve hiçbir zaman Allah'tan gafil kalmamayı özellik haline
getiren kimselerdir.

İmam Gazâlî'ye [rahmetullahi aleyh] göre, felsefeciler bir-
çok sınıfa ayrılmakla birlikte, aslında bütün felsefeciler
küfür ve dinsizlik damgasını taşırlar. İmam Gazâlî'nin
tasnifiyle felsefeciler, dehrîler, tabiatçılar ve ilâhiyatçılar
olarak üç kısımdır. Dehrîlere göre, bu kâinatın bir yara-
tıcısı yoktur ve her şey kendi kendine varolagelmiştir.
Tabiatçılara göre ise nefis (ruh) ölünce bir daha dirilmez.
Böylece bu kimseler ahireti, cenneti, cehennemi, ye-
niden dirilişi, kıyameti ve hesaplaşmayı inkâr etmişler-
dir. İlâhiyatçılar ise yeni dönem felsefecileridir. Bunlar
dehrîlere ve tabiatçılara karşı çıkmışlardır.

Muhyiddin İbnü'l-Arabî hazretleri, bir filozofla geçen olayı naklediyor: Yanımıza bir filozof geldi. Bu adam, peygamberlik olduğunu ama bizim anladığımız, bildiğimiz peygamber sıfatlarını kabul etmediğini ifade ediyor ve eşyanın mahiyeti değişmez diyor.

Mevsim kış. Önümüzde ateş dolu büyük bir mangal var. İnkârcı filozof mangaldaki ateşe bakarak şöyle diyor: "Cahil müslümanlara göre İbrahim peygamber ateşe atılmış ve ateş onu yakmamış. Ateşin vasfında yakma yok mudur? Ateşte akıl yoktur. Bunu mu yakayım, şunu mu yakayım, diye düşünmez. Yakacağı bir şey varsa, içine atılınca yakar. Kur'ân-ı Kerîm'de sözü edilen, İbrahim peygamber ateşe atıldı da, ateş onu yakmadı sözü yanlıştır. Ateş insanı yakmaz mı? Nemrûd onu ateşe attı ama hangi ateşe? Nemrûd'un kızgınlık ateşine. Yanan odun ateşine değil. Nemrûd'un, İbrahim'i üzüp müteessir etmesi, ateş manasında kullanılmış. Gerçek ateş olsa, onu da yakardı."

Filozof sözlerini tamamlayınca, orada bulunan biri (Muhyiddin İbnü'l-Arabî hazretleri, kendini övmemek için, "biri" demiş) şöyle der: "Cenâb-ı Hakk'ın, İbrahim [aleyhisselâm] kıssasında söylediği şeyler doğrudur. O ateş gerçek ateştir. Yakmaması, Allah'ın kudretiyle ve ateş de O'nun yarattığı mahlûk olduğundandır. Ateşe hitap ederek, 'Ey ateş! İbrahim için serinlik ve esenlik ol!' (Enbiyâ 21/69) emrinden dolayı yakmamıştır." Muhyiddin İbnü'l-Arabî hazretleri, bunu adama ispatlamak için, yeni yanmış mangalı adamın entarisi üzerine döktü. Eliyle de dağıttı. Filozofun beti benzi soldu. Gördü ki ateş yakmıyor. Bekledi. Eteğindeki ateşi yeniden mangala koydu. Sonra filozofa sordu: "Bu ateş, İbrahim Halilullah'ı yakmayan

ateş. Senin entarini yaktı mı? Entarini yakıp etine de geçerdi. Senin etini yaktı mı?" Filozof cevap veremedi. "Bu gerçek ateş Allah'ın emriyle yakmadı. Ben de Allah'ın emriyle yakmamasını Allah'tan istedim. Sen de gördün ki yakmadı. Demek ki Kur'an'ın sözü, Allah'ın doğru kelâmıdır."

Yusuf Nebhânî hazretlerinin *Sahabeden Günümüze Veliler ve Kerametleri* isimli kitabından aktaralım. Bir Allah dostu şöyle nakletti: Ben, Resûlullah'ın [sallallahu aleyhi vesellem] mescidinde, Bahreyn halkından bir velinin yanında oturuyordum. O ara, Mescid-i Nebevî'ye yedi kişi girdi. Peygamber'in [aleyhisselâm] mübarek kabri karşısında durdular. Bahreynli zat bana, onlara katılmamı, onların Allah dostu veliler olduğunu söyledi. Ben de kalkıp onların yanına gittim. Bir süre sonra dışarı çıktılar. Ben de onları takip ettim. İçlerinden biri bana, "Nereye gidiyorsun? Senin süratin bize yetişmez. Geri dön" dedi. Bir şey söyleyemedim. Ama onlardan bir diğeri, "Bırak gelsin. O da bunu görsün. Hakkında hayırlı olur" dedi. Bunun üzerine onlara katıldım. Birlikte yürüyorduk. Yürümek mi, uçmak mı belli değildi. Rüzgâr gibi geçiyorduk. Birkaç saniye sonra gökyüzünde uçar olduk. Yeryüzü aşağıda değirmen taşı gibi dönüyordu. Bir zaman sonra, etrafı beyaz surlarla çevrili büyük bir bahçeye girdik. Ağaçları çok fazla. İçinde büyük bir nehir akıyor. Dünyada olmayan envai çeşit meyve ağaçları ile dolu. O bahçede 100 tane insan bir araya geldik. Önce namaz kıldık. Sonra bir miktar meyve toplayıp yedik. Ben o zatlardan birine, "Burası neresidir?" diye sordum. "Burası velilerin has bahçesidir. Bunu ancak evliyaullah görür. Yeri sabit değildir. Bazan Yemen'de, bazan Şam'da olur" dedi. Onlardan ayrılırken, o bahçeden kopardığım

üç elmayı yanıma aldım. Medine'ye döndükten sonra uzun bir müddet bu elmalarla idare ettim. Ufak bir dilim yesem beni doyuruyordu.

RIZIK ALLAH TEÂLÂ'DANDIR

Yine Allah dostlarından biri anlatıyor: Ebû Ali Bedri ile bir dostumuzu ziyaret etmek için bir yolculuğa çıktık. Çölde giderken, acıktığımız bir sırada bir tilki gördük. Bu hayvan ayakları ile toprağı eşeliyor, mantar saçıyordu. "Bu, bize verilen bir rızıktır" dedik. Mantarlardan alıp yedik. Yürümeye devam ettik. Uyuyan bir canavarla karşılaştık. Dikkatle bakınca, o vahşi hayvanın gözlerinin kör olduğunu anladık. Bu haliyle nasıl avlanıp beslendiğini düşünürken, bir karganın uçarak geldiğini, önce kanadıyla hayvana vurduğunu ve vahşi hayvanın ağzını açmasıyla, ağzında getirdiği et parçasını hayvanın ağzına bıraktığını gördük. Ebû Ali, "Vallahi bu ibretli hadise rızık mevzuunda Allah'ın kudretini gösterdiği gibi, insanların rızık için meşakkat çekmemesini gösteriyor" dedi.

Biraz daha gittik. Kulübeye benzer bir şey var. Yanına vardık. İçeride ihtiyar ve âmâ bir kadın ibadetle meşgul. Kulübede yiyecek hiçbir şey yok. Dışarı çıktık. Büyük çukur bir taş var. İhtiyar kadın akşam namazını kıldı. Üstüne bir miktar hurma koyduğu ekmekle geldi. "Bu benim hissemdir. İkinizin hissesi içeridedir" dedi. İçeri girdik. Üstü hurmalı iki dilim ekmek daha vardı. Oysa ilk girişimizde evde hiçbir yiyecek yoktu. Çukur taşın hizasına baktık. Bir bulut kulübeye yaklaştı, çukur taşın hizasına geldi ve içine yağmur yağdırdı. O taş kap doldu. Allah Teâlâ bu ama kadının suyunu böylece getiriyordu. Ona, kaç senedir bu kulübede yaşadığını sorduk. "Yetmiş senedir

bu kulübedeyim. Rabbim'in bana muamelesi gördüğünüz gibidir. Her gün rızkımı verir. Suyumu her gün bulut doldurur. Her akşam gaipten bir miktar ekmekle hurma rızık olarak gelir" dedi. Bize, nereye gittiğimizi sordu. Ebû Nasr Semerkandî'yi ziyarete gittiğimizi söyledik. "Ey Ebû Nasr, ziyaretçilerin var, gel!" dedi. Biraz sonra Ebû Nasr yanımıza geldi. Biz, hayrette kalmış bir halde kulübeden ayrılmak isteyince, o yaşlı âmâ hanım bize şu nasihati yaptı: "Şunu hiç unutmayın. Kul Rabb'ine itaat ederse Rabb'i de daima onun yardımcısı olur."

İKİ CİHAN GÜNEŞİNİN NURU ile AYDINLANDI

Selman-ı Fârisî hazretlerinin babası Mecûsî idi. Hz. Selman ateşe hiç tapmadı. Kavminin reisi olan babası, ateşe tapmazsa onu nimetlerinden mahrum edeceğini söyledi. Hapsetti fakat Selman bir yolunu bulup kaçtı. Çünkü ateşe tapmayı bir türlü kabul etmiyordu.

Kaçtıktan sonra hıristiyan âlemini gezen Selman, papazlarla tanıştı. Yaşlı ve kâmil bir papaza, "Hıristiyanlık'tan sonra bir din yok mudur?" diye sordu. O papaz Selman'ı, kimsenin duyamayacağı bir yere götürüp ona şöyle dedi:

- Bu sırrımı sakla. İsa'dan [aleyhisselâm] sonra Muhammed [aleyhisselâm] gönderildi. Vallahi ben ona iman ettim.

- Niye haber vermedin?

- Beni öldürürlerdi. Ben imanımın gereğini gizlice yaşıyorum. Ahir zaman nebîsi Mekke'den çıkar, Medine'ye hicret eder. Zekât ve sadaka almaz, hediye alır. Sırtında peygamberlik mührü vardır. Sen ona gidersen, dinin hakikatini bizzat kendisinden alırsın.

Selman-ı Fârisî oradan ayrılıp Medine'ye doğru yola çıktı. Yolda onu yakaladılar ve köle olarak sattılar. Medineli bir yahudi onu satın aldı. Bir gün Selman, ağaçtan hurma toplarken o yahudinin bir akrabası geldi. Yahudiye, Kureyş'ten bir peygamber çıktığını ve Medine'ye geldiğini anlattı. Selman onlara kulak kabarttı. Sonra o peygamberin kim olduğunu öğrendi. Eline bir miktar hurma aldı, ikiye böldü. Yarısı sadaka, yarısı hediyedir demek için. Çünkü peygamber sadaka ve zekât almıyor ama hediye alıyor. Anlatılan peygamber Muhammed [sallallahu aleyhi vesellem] o mudur, bileyim diye böyle yaptı.

Resûlullah'ın [sallallahu aleyhi vesellem] yanına varan Selman, "Efendim, ben sana sadaka hurma getirdim. Medine'nin filan bahçesinden" deyince Resûl-i Ekrem Efendimiz [sallallahu aleyhi vesellem] gülümsedi ve, *"Peygamberler sadaka ve zekât almaz"* buyurdu. Selman, "Öyleyse efendim ben hediye de getirdim" dedi. Peygamber Efendimiz, *"Hediyeyi kabul ederim"* diyerek aldı ve sahabeye taksim etti.

Selman [radıyallahu anh], Resûlullah Efendimiz'in [sallallahu aleyhi vesellem] sırtındaki mührü nasıl görecek, sıra ona geldi. Hz. Peygamber [sallallahu aleyhi vesellem] dolaşırken hikmet-i Hudâ, kendisi cübbeyi düzeltiyor gibi yapıp sırtını açtı. Selman da koşup mühr-i saadeti Resûlullah'ın sırtında gördü ve şehadet getirdi. "Vallahi sen aradığım peygambersin" dedi. Sonra Fahr-i Kâinat Efendimiz'e yalvardı:

- Yâ Resûlallah, beni kölelikten kurtar.

- Senin kölelikten kurtulmak için anlaşman nasıl?

- Sahibime yumurta büyüklüğünde bir altın götürmem lazım. Bahçesine 200 küsur da hurma ağacı dikmeliyim.

Allah Resûlü sahabilere buyurdu: *"Selman kardeşimizin yumurta kadar altını için yardım edin."* Altın tedarik edildi. Sahibinin bahçesine istediği kadar hurma da dikildi. Selman kölelikten kurtuldu.

Selman-ı Fârisî hazretleri, bir misafiri ile birlikte Medine şehrinin dışına çıktı. Çölde yürüyen geyikler, uçan kuşları görünce Hz. Selman onlara seslendi: "Sizlerden bir geyik, bir kuş bana gelsin. Benim bir misafirim var. Ona ikramda bulunmak istiyorum." Misafir "sübhânellah" diyerek hayretini belirtti. Hz. Selman buyurdu: "Buna şaşırıyor musun? Allah'a itaat eden kimseye hiçbir şeyin isyan ettiğini gördün mü ki!" İşte bu, eşyanın hakikati ile Allah'ın azametine şahitliktir.

Muhammed Pârsâ hazretleri, Şah-ı Nakşibend hazretlerinin halifelerindendir. *Faslü'l-Hitâb* isminde çok meşhur bir kitabı var. Kendisi Medine-i Münevvere'de vefat etmiş olup Peygamber Efendimiz'in amcaları Hz. Abbas ve Hz. Hamza'ya komşu olarak yatmaktadır. Onunla ilgili bir olay nakledelim.

ALLAH DOSTUNU YÜCELTİR

Kıraat imamı Şemseddin Muhammed Cezerî'nin oğlu Hüsâmeddin ismindeki zat, Mâverâünnehir'deki hadis âlimlerinin isnadlarını incelemek için Mirza Uluğ Bey'in emri ile Semerkant'a geldi. Kötü niyetli kimseler ona giderek, "Şeyh Muhammad Pârsâ buraya gelir, senedini bilmediği değişik hadis-i şerifler rivayet eder. Allah için şu zatın hatalarını düzelt" diyerek şikâyet ettiler. Halbuki Muhammed Pârsâ hazretleri yüksek arif ve alimdi. Bunun üzerine müfettiş, sultandan bir ilim meclisi

tertip edilmesini, Muhammed Pârsâ hazretlerinin de çağrılmasını istedi. Mirza Uluğbey yemekli bir sohbet tertipledi, Muhammed Pârsâ hazretlerini de davet etti, o devrin, nahiv ilmini iyi bilen meşhur şeyhülislâmı Molla Hüsâmeddin'i de çağırdılar.

Cezerî, Muhammed Pârsâ hazretlerinden bir hadis-i şerif okumasını emretti. O da okudu. Hadis-i şerifin doğru olduğunu fakat hadisin senedinin yani kimlerin rivayet ettiğinin doğru olmadığını söylediler. Muhammed Pârsâ hazretleri, o hadisi hangi senedle rivayet ettiyse, niyetlerinden kasıt olduğundan kabul etmediler. Muhammed Pârsâ hazretleri murakabe yaptı, gözünü açtı ve şöyle dedi: " Ey Hüsâmeddin Cezerî, bu hadis-i şerifin kayıtlı olduğu filanca kitabı getirirsem, ondaki senedler sahih midir?" "Evet, sahihtir" cevabını alınca şöyle devam etti: " O kitap senin kütüphanende, falan yerde, cildi şu renk, kalınlığı şöyle... O kitabı getirirseniz hadisimin senedini size ispat edeceğim" dedi.

Orada bulunanlar şaşırdı. Çünkü Muhammed Pârsâ hazretleri, Molla Hüsâmeddin'in evini hiç bilmezdi, kütüphanesini nasıl bilsin! Kitabı almaya gidenler onu şeyhin tarif ettiği yerde buldular. Hadis-i şerifin senedinin de onun söylediği gibi olduğunu gördüler. Şeyhi imtihana kalkışanlar utandılar. Sultan da duydu ve özür diledi. Allah dostları, Allah'ın koruması altındadır. Allah onları mahcup etmez.

AKIL ve ADALET

İnsanoğlu başıboş yaratılmamıştır. Allah Teâlâ hazretleri âyet-i celilede meâlen, *"İnsan neden yaratıldığına bir baksın! Atılan bir sudan yaratıldı. (O su) sırt ile göğüs kafesi arasından çıkar. İşte Allah (başlangıçta bu şekilde yarattığı) insanı tekrar yaratmaya da kadirdir"* (Târık 86/5-8) buyurmuştur. Allah Teâlâ insana, kendisine mahsus olarak bir akıl ve şuur vermiştir ki yaratılışının hakikatini bilsin, Allah'ın azametine hakkıyla kulluk etsin, O'nun azametinin dışında, nefsinin hevâsıyla başka ilâhlar edinmesin. Zira insan, tertemiz bir şekilde yaratılmıştır.

Tevhid, Allah'ın varlığını, birliğini, azametini bilecek nuranî ilim; hikmet ise her şeyin nuranî hakikatini idrak edecek kalbî ve ruhanî bir letâiftir. Hikmetle nice ilâhî meselelere müdrik olunur.

Akılla teçhiz edilen insanoğlu şehvet ve gazap duygularına sahiptir. Şehvet, insanın yaşaması ve her türlü ihtiyacını karşılaması için gerekli bir duygudur. Kezâ gazap kuvveti de cesedin himayesi, ailenin, vatanın, milletin her türlü tehlikelerden korunması içindir. Ancak bu iki kuvvetin, Allah katında bir makbul bölümü yani itidali, bir de harama götüren ifrat ve tefrit kısımları vardır. Bunları önceki sohbetlerimizde ifade etmiştik. Şunu kati olarak bilmemiz lazım gelir ki insanın hayır ve şerle ilgili hukuku İslâm dininin kuralları ile belirlenmiştir. Kim, İslâm'ın hakikatinden istifade ederse iki cihan saadetine kavuşur. Bunun dışında, nefsinin şehvet ve gazap kuvvetlerine, şeytanın şerrine kanarsa felaketlere duçar olur.

İnsanın şehveti, gazabı, dünya muhabbeti ve şeytana kanıp kanmaması akılla idrak olunur. Akıl olmazsa idrak edemeyiz. Akıl, nuranî bir letâfettir.

Akl-ı selim, fikir ve idrak sözlerini din-i İslâm'ın hakikatine yönelmiş akıl için kullanıyoruz. Sadece "akıl" lafzını kullanırsak, bütün beşeriyetteki aklı kastetmiş oluruz ki 20. yüzyıl insanlarına bile o akıl kifayet etmemiştir. Bütün beşeriyete dünya hayatının tanzimi ve ahiretin kazanılması için verilmiş bu akıl ıslaha muhtaçtır. Kendisi bizâtihi nuranîdir, tertemiz yaratılmıştır. İlâhî hikmeti, iffeti, şecaati, adaleti kabul edecek kıymettedir. Lâkin gazap kuvvetinin kiri, şehvet kuvvetinin pisliği ile bu akıl hürriyetini muhafaza edemez. Buna şeytan da eklenirse, hiç içinden çıkamaz. Şu halde akıldaki nuraniyet, İslâm'la, Kur'an'la, Peygamberimiz'in sunduğu hakikatler ile beslenirse fikir sahibi olur, idrake kavuşur. Bu insanın aklına akl-ı selim denir. Şu halde akıl ile Allah'ın azametini idrak edip muhabbetıllaha yönelmek gerekir.

Resûlullah [sallallahu aleyhi vesellem] buyuruyor ki: *"Dünyaya gelen her çocuk İslâm fıtratı üzere doğar. Sonra anne ve babası (kendilerine benzeterek) onu yahudileştirir, hıristiyanlaştırır veya Mecûsîleştirir."* [13] Bu hadis-i şeriften insanın ruhunun nuranî bir kudrette olduğunu, aklının da ruhtan aldığı ilâhî feyiz ve bereketle İslâm fıtratı üstünde yaratıldığını anlıyoruz.

RUH ve AKIL İSLÂMİYET'İ KABUL ETMEK İÇİNDİR

İslâmiyet'i kabul eden bu akıl, dünya hayatında hak ve adaletle hükmetmek, her mahlûka şefkat ve merhamet dağıtmak, akrabasını gözetmek, aile hukukuna riayet etmek lazım geldiğini bilmelidir. Eğer nefsin hayvanî sıfatları, ruh ve aklın kabiliyetini eline geçirmeye çalışırsa; o insan, yaratılışındaki fıtratı yani, "Ben İslâm fıtratı üzerine doğdum. Kâmil bir mümin olarak yaşamaya mecburum" mesuliyetini unutursa, yaratılıştaki akıl çok latif ve nuranî olmasına rağmen gaflet ederse, nefsinin ve şeytanın kölesi olur; akl-ı selime yol bulamaz. İşte bu akıl, bütün beşeriyette olan müşterek akıldır

Âyet-i celilede Rabbim Teâlâ meâlen şöyle buyuruyor: *"Onların kalpleri vardır, onlarla kavramazlar; gözleri vardır, onlarla görmezler; kulakları vardır, onlarla işitmezler. İşte onlar hayvanlar gibidir; hatta daha da şaşkındırlar. İşte asıl gafiller onlardır"* (A'râf 7/179). Şu halde insanın ruhu beden içerisinde, kafesteki bir kuş gibi ya nefisle birleşir, hitab-ı ilâhiyyeyi unutur veya yaratılışındaki akl-ı selim ile birleşir, dünyanın mutluluğunu, ahiretin selâmetini kazanır.

---

13 Buhârî, Cenâiz, 79; Müslim, Kader, 22-25.

Allah Teâlâ meâlen, *"O (Allah) ki, yarattığı her şeyi güzel yapmış ve ilk başta insanı çamurdan yaratmıştır. Sonra onun zürriyetini, dayanıksız bir suyun özünden üretmiştir. Sonra onu tamamlayıp şekillendirmiş, ona kendi ruhundan üflemiştir. Ve sizin için kulaklar, gözler, kalpler yaratmıştır. Ne kadar az şükrediyorsunuz!"* (Secde 32/7-9) hitabıyla da, bu ilâhî nimetin kadrini tam bilmediğimizi Rabbimiz bize ikaz etmiştir.

Daha önce aklî ve naklî ilimleri anlatıp peygamberlere de vahiy ilminin verilmiş olduğunu ifade etmiştik. Aklın hükmünün dışında, adalet-i ilâhiyye olarak peygamberlerin sadrına konulan vahiy ile insan vahdaniyyet-i ilâhiyyenin kudretine şahit olur. Mükevvenatın rabbi Allah olduğunu ve O'na ibadet etmesi lazım geldiğini bilir. Şu halde akıl kâmil olursa a'lâ-yı illiyyine yükselir. Naklî ilimlerle şeriatın ilimlerini ve vahiy kapısını kapatırsa maddenin arasında bozulur, esfel-i safiline düşer.

Cuma hutbesinde okunan Nahl sûresi, doksanıncı âyet-i celilede Allah Teâlâ buyuruyor ki: *"Muhakkak ki Allah, adaleti, iyiliği, akrabaya yardım etmeyi emreder; çirkin işleri, fenalık ve azgınlığı da yasaklar. O, düşünüp tutasınız diye size öğüt veriyor."* Bu insanın selâmeti akl-ı kâmilde, aklının da selâmeti adaletle hükmetmesindedir. Adalet, hikmetle şereflenmiş olan aklın, hilekârlıktan, fitnecilikten, gaddarlıktan, sefillikten, gevezelikten, bütün kötü şeylerden kurtulmak suretiyle melekî bir kuvvet kazanmasına denilir.

Muhteremler, insanın mukaddesatı ve kemalâtı aklını kullanmayı icap ettirir. Akl-ı selimin kullanılması da adaletle mümkündür. Allah Resûlü Veda hutbesinde, *"Ey insanlar, Rabb'iniz birdir. Hepiniz Âdem'in [aleyhisselâm]*

çocuklarısınız. Âdem [aleyhisselâm] topraktandır. Allah nez-
dinde en kıymetli olanınız, O'na çok saygı duyup emirleri-
ni yerine getireninizdir. Üstünlük, ancak takvadakl üstün-
lüktür" buyuruyor. Resûlullah Efendimiz'in [sallallahu aleyhi
vesellem] bir hadis-i şerifi de şöyledir: "Muhakkak surette
bütün haklar hak sahiplerine ödenecektir. Öyle ki boynuz-
suz koyun için boynuzlu koyundan kısas yapılacaktır." [14]

AKLIN VAZİFESİ

Gazap ve şehvet kuvveti, dünyanın cazibesi, şeyta-
nın iğvası, nefsin hevâsı insanı zulme götürür.

İnsanın, İslâm olarak hukuku üç maddede toplanır:

1. İnsanın Allah'a karşı olan vazife ve sorumluluğu.

2. İnsanın nefsine karşı vazife ve sorumluluğu.

3. İnsanın nev-i beşere karşı vazife ve sorumluluğu.

İnsanların birbirleriyle münasebetinde karı koca hu-
kuku, akraba hukuku, konu komşu hukuku, çalışanların
hukuku ... var. Bu akıl, saydığımız üç hukuku icra içindir.
Adalet de o aklı kullanmada üç hukukun tayin edilmiş
vazifelerini hakkıyla yerine getirmek içindir. Akıl olup
adalet olmazsa zulüm olur. Bundan dolayı Allah Teâlâ
hazretleri kulun sorumluluğunu tayin etmiştir. "Vicdanı-
mızda hürüz" diyerek her istediğimizi yapamayız. Kul,
Kur'an'ın tayin ettiği hudut içerisinde hürdür.

Muhyiddin İbnü'l-Arabî hazretlerinin buyurduğu üze-
re amelî hareketlerdeki itidal üç kısımdır:

Kul ile Allah arasındaki itidal: Kul, Allah Teâlâ'nın
hakkını kendi nefsinin hakkından üstün tutup haramlardan

---

14 Müslim, Birr, 15; Tirmizî, Kıyâmet, 2.

kaçınmakla, emrettiği itaat ve ibadete yönelmekle Allah'ın hukukuna sorumlu olduğunu idrak etmiş olur.

Kulun kendi nefsine adaleti: Bu da, dinine zarar vermemek ve dünyasını helâke götürmemek şartıyla, tehlikelerden korunmak ve nefsinin hukukunu nev-i beşerin hukukuyla karıştırmadan kendi nefsine karşı da adaletli davranmasıdır.

Halka karşı adalet: Bu ise nasihati yaymak, kimseye kötü niyet beslememek, halktan gelen eziyetlere sabretmek, başkalarına eza vermemek, insafla yaşayıp insafla hareket etmektir.

Ey derviş, sen evinde hanımına, çocuklarına ve çevrendekilere, Kur'an'ın tayin ettiği hükümlere göre hareket etmezsen, senin aklın tavuğun aklı olur ki dünya ve ahiret azabından kurtulman mümkün olmaz. Bunun için Allah Teâlâ, *"Her şeyi altüst eden o büyük felaket geldiği vakit, insan dünyada iken ne için çalıştığını hatırlar. Cehennem de gören her kişiye açıklığı ile gösterilir. Azana ve dünya hayatını ahirete tercih eden, şüphesiz cehennem tek barınaktır. Rabb'inin makamından korkan ve nefsini kötü arzulardan uzaklaştıran için ise şüphesiz cennet yegâne barınaktır"* (Nâziât 79/34-41) buyurmaktadır. Âyet-i celilenin tefsirinde ahireti tercih etmenin alameti, Kur'ân-ı Kerîm'in hükümlerine râm olmak, Peygamber'in sünnetine ittiba etmek, maddi ve manevi hayatında akl-ı selim sahibi olmak, İslâm'ın adaletine teslim olmaktır.

AKL-I SELİM SAHİBİ OLMAK

Akl-ı selim sahibi olmak, aşağıdaki dokuz şartı haiz olmakla mümkündür.

1. İslâm'ın ahlâkıyla ahlâklanmak.

2. Tövbe etmek.

3. İbadet etmek.

4. Allah'ın nimetlerine şükretmek.

5. Dinî ilim tahsil edip küffara karşı mal ve bedenle cihad etmek.

6. Namazı tadil-i erkân ile kılmak.

7. İyiliği emretmek.

8. Kötülükten vazgeçirmek

9. Allah'ın hukukunun sınırlarını korumak.

İMAM GAZÂLÎ'NİN KALP YOLCULUĞU

İmam Gazâlî [rahmetullahi aleyh] el-Münkız Mine'd-Dalâl isimli eserinden, tasavvuf yolunun hükümleri ile ilgili kısma geçiyoruz. Tasavvuf ilmi, nefsin geçit yollarını keserek insanı kötü ahlâk ve fena sıfatlardan uzak tutmanın çarelerini öğretir. Tâ ki kalbi, Allah'tan gayriden kurtarsın. Zikrullah ile kendini süslesin.

İmam Gazâlî [rahmetullahi aleyh] bu eserde diyor ki: "Evvela tasavvuf ilmini okumak lazım. Okudum ama anladım ki sûfiyyenin yollarına ulaşmak, eserlerini okumakla değil yaşayarak sıfatlarını değiştirmekle olur. Kati olarak anladım ki sûfî, boş sözlerle değil iyi hallerle sûfî olur."

İmam Gazâlî [rahmetullahi aleyh] devamla şöyle anlatıyor: "Anlamıştım ki ahirette saadet ancak günahlardan sakınmak (takva) ile olur. Nefsi, hevâ ve hevesinden menetmekle olur. Bütün bunların başı, dünyadan uzaklaşmak, ahirete bağlanmak, bütün varlığıyla Allah'a yönelmek, kalbin dünyaya olan ilgisini kesmektir. Bunun için

de nefsi makamdan, maldan, şöhretten, dünya menfaatinden geri çevirmek lazım. Düşündüm. Bir de baktım, dünya alakalarının içine girmişim. Yaptığım işleri gözümün önüne getirdim. Onların en güzeli tedris ve talimdi. Sonra tedris hakkındaki niyetimi yokladım. Allah rızası için olmadığını, mevki ve şöhret kazanmak için olduğunu anladım ... Uçurumun kenarında bulunduğumu, eğer kaybettiğim hallerimi düzeltmeye çalışmazsam ateşe yuvarlanacağımı anladım. Bir müddet düşündüm. Bir gün Bağdat'tan çıkmaya niyet ediyordum; ertesi gün verdiğim karardan vazgeçiyordum. İman münadisi ise bana bağırıyordu: 'Göçe hazırlan! Geride ömrünün pek azı kalmıştır. Bugüne kadar elde ettiğin bütün ilim ve amel, riya ve gösteriştir. Şimdi hazırlanmazsan ne zaman hazırlanacaksın?'

Bundan sonra içimde Bağdat'tan kaçma arzusu kuvvet buldu. Fakat bu sefer de şeytan karşıma dikildi. 'Sana gelen bu hal geçicidir. Sakın ola ki aldanıp itaat etme. Senin bulduğun ilmin mevkii insanların ulaşabileceği en yüksek mevkidir.' Ben insanlara, nefsimi ıslah için şeyhe gideceğimi söylemedim. Çünkü o günkü ulema içinde benim bu halimi anlayacak âlim yoktu. Karamsarlık içinde kaldığım bu hal altı aya yakın sürdü.

Böylece Bağdat'tan ayrıldım. Ayrılmadan önce kendime kıt kanaat yetecek kadarını ayırdıktan sonra elimde bulunan malın kalanını dağıttım ... Bir süre sonra Şam'a vardım. İki sene kadar orada kaldım. Buradayken, tasavvuf ilmi ile ilgili eserlerden bilgiler uyarınca nefsimi arıtmak, ahlâkımı düzeltmek, kalbimi temizleyerek Allah'ı zikretmeye elverişli hale getirmek amacı ile tüm gücümü ve zamanımı uzlete, yalnızlığa, riyâzete ve nefsimle savaşmaya verdim. Bir süre Emevî Mescidi'nde itikâfa

çekildim. Her gün kapıyı üzerime kilitleyerek minareye çıkar, akşama kadar orada kalırdım. Sonra Şam'dan ayrılarak Kudüs'e vardım.

Orada her gün Sahra'ya (Beytülmukaddes'te bazı peygamberlerin ve velilerin namaz kıldığı bir taş) kapanır, kapısını üzerime kilitlerdim."

İmam Gazâlî [rahmetullahi aleyh] oradan Mekke ve Medine'ye de gitti. Hac görevini yerine getirdi. Sonra gerek içindeki özlem ve gerekse çoluk çocuğunun ısrarlı davetleri ile vatanına döndü. Oradayken de uzlet hayatını tercih etti. Ömrünün on yılını da böyle geçirdi.

Bundan sonrasını şöyle ifade ediyor: "Kesinlikle anladım ki Allah yolunu tutmuş ve İslâm'ın özüne inebilmiş kişiler sûfîlerdir. Onların tutumları en güzel tutum, yolları en doğru yol ve ahlâkları en temiz ahlâktır. Daha açıkçası, bütün akıllıların akılları, tüm hakîmlerin hikmeti ve şeriatın inceliklerini kavramış tüm âlimlerin bilgisi, onların tutum ve ahlâkını daha iyileri ile değiştirmek üzere bir araya gelse bunu başaramaz. Çünkü onların görünen ve görünmeyen bütün hareket ve hareketsizlikleri nübüvvet kandilinin nurundan alınmadır. Bilindiği gibi yeryüzünde nübüvvet nurunun ötesinde aydınlatacağı başka bir nur yoktur."

DOKUZUNCU BÖLÜM

AKLINI ŞERDE KULLANANLAR ve
Hz. MUSA'NIN KISSASI

Allah Teâlâ hazretlerinin ilâhî hukukunu yerine getirmek bütün peygamberlerin görevi olduğu gibi, Allah'a iman etmiş her bir müminin de vazifesidir. Bu kutsal vazife aklın adaletle hükmetmesi, fiil ve hareketlerini ona göre icra etmesini gerektirmektedir.

Hadis-i şerifte buyruluyor ki: *"Muhakkak surette bütün haklar hak sahibine ödenecektir. Öyle ki boynuzsuz koyun için boynuzlu koyundan kısas yapılacaktır."* [15] Şu halde aklın temel vasfı, ilâhî idrak ile adaleti yaşamaktır.

Resûlullah Efendimiz [sallallahu aleyhi vesellem], bir gün bir sefere giderken devesinin arkasına sahabenin ulularından Muâz b. Cebel'i [radıyallahu anh] almıştı. Muâz b.

---

15 Müslim, Birr, 15; Tirmizî, Kıyâmet, 2.

Cebel [radıyallahu anh] şöyle anlatıyor: *Hz. Peygamber'in* *[aleyhisselâm] terkisinde idim. Bana, "Yâ Muâz!" dedi. "Buyur yâ Resûlallah" dedim. Biraz durdu. Tekrar, "Yâ Muâz" dedi. "Buyur yâ Resûlallah" dedim. Biraz daha yol aldık. Üçüncü defa, "Yâ Muâz" dedi. "Buyur yâ Resûlallah" dedim. "Allah'ın, kulları üzerindeki hakları nedir bilir misin?" diye sordu. "Allah Resûlü daha iyi bilir" dedim. "Allah kulları üzerindeki hakkı ona ibadet etmeleri, kendisine hiçbir şeyi ortak koşmamalarıdır" buyurdu. Devesi biraz yürüdükten sonra tekrar sordu: "Bunu yaptıkları takdirde kulların Allah üzerinde hakkı nedir bilir misin?" "Allah Resûlü daha iyi bilir" dedim. "Rabbimiz tayin etmiştir ki Rabbim'in vaadindeki, lutuf buyurduğu nimetlerin insanlara verilmesi, Allah'ın kullarına lutfettiği ilâhî haktır"*[16] buyurdu.

Abdullah b. Âmir b. Âs [radıyallahu anh] şöyle anlattı: *"Ben bütün sene oruç tutuyor, her gece Kur'an okuyordum. Benim halimi Resûlullah'a [sallallahu aleyhi vesellem] söylemişler. Resûl-i Kibriya [aleyhisselâm] bana haber gönderdi. Huzuruna vardım. Bana şöyle dedi:*

- Ben senin bütün sene oruç tuttuğunu, her gece Kur'an okuduğunu haber aldım.

- Evet, yâ Resûlallah. Aldığınız haber doğrudur.

- Sen eğer bütün sene oruç tutarsan, geceleri sabaha kadar Kur'an okumakla ömrünü Allah'a tahsis edersen, unutmaman gereken bir husus vardır ki, senin üstünde birkaç hukuk bir arada bulunmaktadır. Sen her gün oruç tutmakla, sabahlara kadar Kur'an okumakla, o ilâhî hukuka muhalif olarak hareket etmiş olursun. Yâ Abdullah, sen her gün oruç tutmak yerine, gökteki ayın parlak günleri olan,

---

16 Buhârî, Cihâd, 46; Müslim, İmân, 10.

her ayın on üçüncü gününde oruç tutsan, hiç durmadan on sene oruç tutmuş sevabı alırsın. Her ayın on dördüncü gününde oruç tutsan, hiç durmadan otuz sene oruç tutmuş ecri alırsın. Her ayın on beşinci günü Allah rızası için oruç tutsan, hiç durmadan yüz sene oruç tutmuş sevabı alırsın." [17]

Hz. MUSA FİRAVUN'A GÖNDERİLİYOR

Allah Teâlâ Kur'ân-ı Kerîm'de şöyle buyuruyor: *"Seni, kendim için elçi seçtim. Sen ve kardeşin birlikte âyetlerimi götürün. Beni anmayı ihmal etmeyin. Firavun'a gidin. Çünkü o, iyiden iyiye azdı. Ona yumuşak söz söyleyin. Belki o, aklını başına alır veya korkar. Dediler ki: Rabbimiz! Doğrusu biz, onun bize aşırı derecede kötü davranmasından yahut iyice azmasından endişe ediyoruz. Buyurdu ki: Korkmayın, çünkü ben sizinle beraberim; işitir ve görürüm. Haydi, ona gidin de deyin ki: Biz, senin Rabb'inin elçileriyiz. İsrâiloğulları'nı hemen bizimle birlikte gönder; onlara eziyet etme! Biz, senin Rabb'inden bir âyet getirdik. Kurtuluş, hidayete uyanlarındır. Hakikaten bize vahyolundu ki: (Peygamberleri) yalanlayan ve yüz çevirenlere azap edilecektir. Firavun, 'Rabb'iniz de kimmiş, ey Musa?' dedi. O da, 'Bizim Rabbimiz, her şeye hilkatini (varlık ve özelliğini) veren, sonra da doğru yolu gösterendir' dedi. Firavun, 'Öyle ise önceki milletlerin hali ne olacak?' dedi. Musa, 'Onlar hakkındaki bilgi, Rabbim'in yanında bir kitapta bulunur. Rabbim, ne yanılır ne de unutur' dedi. O, yeri size beşik yapan ve onda size yollar açan, gökten de su indirendir. Onunla biz çeşitli bitkilerden çiftler çıkardık. Yiyiniz; hayvanlarınızı otlatınız.*

---

17 Buhârî, Savm, 54, Enbiyâ, 37; Müslim, Savm, 35.

Şüphesiz bunda akıl sahipleri için (Allah'ın kudretine) işaretler vardır. Sizi ondan (topraktan) yarattık; yine sizi oraya döndüreceğiz ve bir kez daha sizi ondan çıkaracağız. Andolsun biz ona (Firavun'a) bütün (bu) delillerimizi gösterdik; yine de yalanladı ve diretti" (Tâhâ 20/41-56).

Allah Teâlâ, Musa [aleyhisselâm] gibi ülü'l-azm peygamberine, Firavun gibi azgın ve zalim birine karşı yumuşaklıkla söylemesini buyuruyor. Bu, bizlere de emredilmiş bir hukuk-ı ilâhiyyedir. Evimizde çoluk çocuğumuza, hısım akrabamıza, yumuşaklıkla hitap etmemiz gerekmektedir.

Allah Teâlâ devamla Musa'ya [aleyhisselâm] buyuruyor: *"Öyle ise muhakkak surette biz de sana, aynen onun gibi bir büyü getireceğiz. Şimdi sen, seninle bizim aramızda, ne senin, ne de bizim muhalefet etmeyeceğimiz uygun bir yerde buluşma zamanı ayarla. Musa, 'Buluşma zamanınız, bayram günü, kuşluk vaktinde insanların toplanma zamanı olsun' dedi. Bunun üzerine Firavun dönüp gitti. Hilesini (sihirbazlarını) topladı; sonra geri geldi. Musa onlara, 'Yazık size!' dedi, 'Allah hakkında yalan uydurmayın! Sonra O, bir azap ile kökünüzü keser! İftira eden, muhakkak perişan olur. Bunun üzerine onlar, durumlarını aralarında tartıştılar; gizli gizli fısıldaştılar. Şöyle dediler: 'Bu ikisi, muhakkak ki sihirleriyle sizi yurdunuzdan çıkarmak ve sizin örnek yolunuzu ortadan kaldırmak isteyen iki sihirbazdırlar sadece. Öyle ise hilenizi kurun; sonra sıra halinde gelin! Muhakkak ki bugün, üstün gelen kazanmıştır.' Dediler ki: Ey Musa! Ya sen at veya önce atan biz olalım.' 'Hayır, siz atın' dedi. Bir de baktı ki büyüleri sayesinde ipleri ve sopaları, kendisine gerçekten koşuyor gibi görünüyor. Musa, birden içinde bir korku duydu. Korkma, dedik, üstün gelecek olan kesinlikle sensin"* (Tâhâ 20/58-68).

Anlaşılıyor ki dünya malında noksan olan kimse, Musa'ya [aleyhisselâm] vahyedilen ilâhî hitap doğrultusunda, kendisinin nâkıs bir insan olduğunu düşünmemeli; izzet ve azametin imanında, İslâm'da, Allah'a itaatte olduğunu bilmelidir.

Firavun Hz. Musa'nın [aleyhisselâm] davetini düşünmek için bir iki gün mühlet istedi. Ama Haman isimli veziri durumu öğrenince, saçını sakalını yolarak, "Sen bugüne kadar kavminin ilâhı iken, sarayında büyüyen bir çocuğun peygamberliğini kabul edip onun maiyetine girmeyi düşünmen inanılmaz!" diye şiddetli tepki gösterdi. Firavun'u fikrinden vazgeçirdi.

CİNS CİNSİ ÇEKER

Hz. Mevlânâ, bu konu ile ilgili olarak, "Cins cinsi çeker" buyurmuştur. Bu söz, Hz. Ali [kerremallâhu veche] zamanında geçen bir olayı hatırlatmaktadır:

Hz. Ali [kerremallâhu veche] emîrü'l-mü'minin olduğu devirde kadının biri dama çıktı. Damda yün eğiriyordu. Küçük çocuğu yanından ayrılıp, emekleyerek damın oluğuna gitti. Annesi onu orada görünce aklı başından gitti. Ne yaptıysa çocuğu yanına getiremedi. Tam o sırada, Hz. Ali'nin oradan geçmekte olduğunu gördü. Yardım istedi. Çocuğu göstererek ne yapabileceğini sordu. Hz. Ali, "Cins cinsi çeker. Komşulardan onun yaşıtı bir çocuk bulup dama koyun. Senin çocuğun onu görünce size doğru gelir" buyurdu. Denileni yaptılar. Oluğun kenarındaki çocuk akranının yanına emekleyerek geldi.

Firavun, Haman'ın yanından ayrılınca hanımı Asiye annemizin yanına vardı. Meseleyi ona da anlattı. Annemiz şöyle dedi:

- Ey Firavun, senin bahtına devlet kuşu konmuş. Musa sana bunu teklif ederken ne müjde verdi?

- Saltanatımın hiç batmayacağını, bugünkü kuvvetimin aynıyla devam edeceğini ve asla ihtiyarlamayacağımı söyledi.

- Yoksa sen vaz mı geçtin?

- Evet, Haman'ın sözüyle vazgeçtim.

- Vallahi böyle bir teklif ne kimseye verilmiş ne de verilir! Yazıklar olsun! Sen devlet kuşunu kaçırdın.

Hz. Mevlânâ buyuruyor: "Gördün mü, Firavun Haman cinsinden, Haman da Firavun cinsinden küfürde sabit oldu. Asiye annemiz ise Firavun cinsinden değildi. Onun için de Musa'nın [aleyhisselâm] risaletini kabul etti ve imanla müşerref oldu."

Allah Teâlâ, Musa'ya [aleyhisselâm] iman etmeyen Kıptîler'e şu bela ve musibetleri verdi: Önce ekinlerinin boyunu aşan bir yağmur verdi ve ekinler helâk oldu. Sonra veba illeti verdi. Bunda da tövbe etmeyince çekirgeler gönderdi. Çekirgeler, bütün nebatatı yedi bitirdi. Evlerin içine kadar girdi, ne buldularsa yediler. İmanla küfrün ayrılması için İsrâiloğulları'nın evlerine girmediler. Kıptîler şaşırıp Musa'ya [aleyhisselâm] yalvardılar. Bu azabı üzerlerinden kaldırması için Rabb'ine dua ederse iman edeceklerini ve İsrâiloğulları'nı serbest bırakacaklarını, Mısır'dan istediği yere gitmelerine mani olmayacaklarını bildirdiler. Bir hafta süren çekirge istilasından sonra Musa [aleyhisselâm] elindeki asâ ile çekirgelere işaret etti. Asânın nuraniyetiyle çekirgeler uzaklaştı. Bir tane bile kalmadı.

Firavun'un kavmi sözünde durmadı. Bunun üzerine Musa'ya [aleyhisselâm] Kızılkum tepesine doğru yürümesi

emredildi. Oraya varıp asâsı ile kuma vurdu. Kıptîler'in üzerine yağmur gibi bit (bazı tefsirlerde karasinek veya pire de denilmiş) dökülmeye başladı. Bitler Kıptîler'i elbiselerinin içine girerek ısırdılar. Yedikleri yemeklerin üstüne doluştular. Firavun ve kavmine bundan daha büyük bir bela gelmişti. Uyumalarına da mani oluyorlardı. "Yâ Musa! Biz tövbe ediyoruz. Bizim için Rabb'ine dua et. Bizden bu azabı kaldırsın" dediler. Allah Teâlâ o belayı da kaldırdı. Fakat yine sözlerinde durmadılar. Eski hallerine döndüler. "Biz bir gün hariç Musa'ya bizim âlimimiz, demedik. Firavun'un izzetine yemin ederiz ki onu ebediyen tasdik edici değiliz" dediler.

Allah Teâlâ kurbağalar gönderdi. Nil'den çıktılar, siyah bir bulut gibi şehri sardılar. Kıptîler'e ait yerleri kapladılar. İnsanlar, kurbağaların içine gömüldü. Ağzını açanın ağzına giriyorlardı. Dayanamadılar. Ağlayarak Musa'ya [aleyhisselâm] geldiler. "Bunu bizden kaldır yâ Musa! Bu sefer tövbe edeceğiz" dediler. Musa [aleyhisselâm], Allah'a niyaz etti. O bela da bitti. Aradan kısa bir zaman geçti. Eski hallerine döndüler. Bu sefer Allah Teâlâ kan belası gönderdi. Hz. Musa'ya [aleyhisselâm] Nil nehrine gidip asâsı ile vurması emredildi. Öyle yaptı. Nil nehri kan olarak akmaya başladı. Firavun'un beldesinde, nerede, ne kadar su varsa, hepsi kan oldu. İçecek bir şey bulamıyorlardı. Kıptîler'in Sıptîler'le arkadaş olanları vardı. Onlar Sıptîler'e derlerdi ki: "Susuzluktan ciğerimiz yandı. Sen bardağını su ile doldur, benim ağzıma dök. Bir yudum su içeyim." Sıptî öyle yapar ama kaptaki su imansız Kıptî'nin ağzına döküldüğünde o saniyede kan olurdu. Yedi gün böyle devam etti.

Allah Teâlâ Kur'ân-ı Kerîm'de bu hali şöyle bildiriyor: *"Andolsun ki biz de Firavun'a uyanları ders alsınlar diye*

yıllarca kuraklık ve mahsul kıtlığı ile cezalandırdık. Onlara bir iyilik (bolluk) gelince, 'Bu bizim hakkımızdır' derler; eğer kendilerine bir fenalık gelirse Musa ve onunla beraber olanları uğursuz sayarlardı. Bilesiniz ki onlara gelen uğursuzluk Allah katındandır, fakat onların çoğu bunu bilmezler. Ve dediler ki: 'Bizi sihirlemek için ne mucize getirirsen getir, biz sana inanacak değiliz.' Biz de ayrı ayrı mucizeler olarak onların üzerine tufan, çekirge, haşere, kurbağalar ve kan gönderdik; yine de büyüklük tasladılar ve günahkâr bir kavim oldular. Azap üzerlerine çökünce, 'Ey Musa! Sana verdiği söz hürmetine, bizim için Rabb'ine dua et; eğer bizden azabı kaldırırsan, mutlaka sana inanacağız ve muhakkak İsrâiloğulları'nı seninle göndereceğiz' dediler. Biz, ulaşacakları bir müddete kadar onlardan azabı kaldırınca hemen sözlerinden dönüverdiler. Biz de âyetlerimizi yalanlamaları ve onlardan gafil kalmaları sebebiyle kendilerinden intikam aldık ve onları denizde boğduk." (A'râf 7/130-136).

TÖVBE EDEN KURTULUR

Muhteremler, kendimize gelelim, bize ne belalar geliyor, bunlardan hiç ibret almıyoruz. Âyet-i celilenin meâlinde gördüğümüz üzere iyilikler gelince kendi faziletlerinden, bela ve musibetler gelince Musa [aleyhisselâm] ve ona inananlardan bilerek kudret-i ilâhiyyeyi hiç düşünmediler. Bizlere de belalar, aile geçimsizlikleri, hastalıklar gelmiyor mu? İntibaha gelip tövbeye yöneliyor muyuz?

Allah Teâlâ buyuruyor: *"Ancak tövbe ve iman edip iyi davranışta bulunanlar başkadır; Allah onların kötülüklerini*

iyiliklere çevirir. Allah çok bağışlayıcıdır, engin merhamet sahibidir" (Furkan 25/70).

"Hepiniz Allah'a tövbe edin, ey müminler! Belki böylece korktuğunuzdan kurtulur, umduğunuzu elde edebilirsiniz" (Nur 24/31).

Allah Resûlü, *"Ey insanlar! Allah'a tövbe edip ondan af dileyiniz. Zira ben ona günde yüz defa tövbe ederim"* [18] buyurur. Başka bir hadisinde ise şöyle buyurur Fahr-i Kâinat Efendimiz: *"Allah, tövbe edenin tövbesini kabul eder."* [19]

Şerh-i Mesnevî, on beşinci ciltte Hz. Mevlânâ şöyle buyuruyor: "Gel, sen nasuh tövbesinde dur. Hoşça dikkatini topla. Ben sana nasuh tövbesini nakledeyim" Bu tövbe, Nasuh isminde bir şahısla canlandırılarak şöyle anlatılıyor: Vaktiyle Nasuh adında bir adam vardı. Kadınlar hamamında tellaklık ederek geçinirdi. Çarşaf giyer, yüzüne peçe takardı, fakat şehvetli, azgın bir delikanlıydı. Bu şekilde padişah kızlarını bile yıkardı. Tövbeler eder, tellaklıktan ayrılmak ister, ancak nefsi tövbesini bozdurup dururdu.

Bir gün, bir ârifin yanına gitti. Ondan dua istedi. O ârif, Nasuh'un gizlediği sırrı kerameten bildi ama onun yüzüne vurmadı. Çünkü âriflerin dudağında kilit, gönlünde sırlar vardır.

Nasuh'un yüzü kadın yüzüne benzerdi. Onun erkek olduğunu bu yüzden kimse anlamadı. Bir gün Nasuh hamamda tas doldururken padişah kızının kıymetli bir mücevherinin kaybolduğu ve herkesin aranacağı duyuruldu.

---

18 Müslim, Zikir 42; Ebû Davud, Vitir, 26; İbn Mâce, Edeb, 57.
19 Buhârî, Rikak, 10; Tirmizî, Zühd, 27.

Hamamın kapıları kapatıldı, herkesin eşyasına, bohçasına baktılar. Sıra, herkesin ağzının, kulağının ve bedeninde ne kadar delik varsa içine bakılmasına geldi. Tellaklar herkesi teker teker çıplak olarak aramaya başladılar. Nasuh, korku içinde tenha bir yere çekildi. Yüzü sarardı, dudakları morardı. Ölümünü gözünün önüne getirdi. Tir tir titriyordu. "Yâ Rabbim, nice defalar sana tövbe ettim, sonra da bozdum. Sonunda bu karayel, simsiyah bir bela rüzgârı olarak üstümde esmeye başladı. Aranma sırası bana da gelecek. Allahım, rahmet eteğine sarıldım. İmdat yâ Rabbim! Ne olaydı da anam beni doğurmamış olaydı! Yahut beni bir aslan parçalayıp yeseydi de şu bela başıma gelmeseydi ... Eğer bu sefer de günahımı örtersen, yemin ediyorum, bir daha asla bu işe dönmem" diye ağlayıp inledi. Yüzlerce katre göz yaşı döktü. O kadar "yâ Rabbi!" dedi ki Allah'ın kudretiyle hamamın her taşı "ya Rabbi!" diye inledi.

Herkes arandı. Sıra Nasuh'a geldi. Nasuh korkudan kendinden geçti, düşüp bayıldı. O esnada tellaklar, "Kaybolan mücevher bulundu!" diye bağırdılar. Hüzün bitti, hamamı sevinç doldurdu. Kendinden geçen Nasuh da kendine geldi, gözleri aydınlandı, idamdan kurtuldu. Herkes Nasuh'tan helâllik diledi. O çok korkunca, hırsızın Nasuh olduğunu zannetmişlerdi. Bilemezlerdi ki onun korkusu başkaydı. Nasuh, kendisinden helâllik dileyenlere, "Bu bana Allah'ın lutfu, ihsanıdır. Yoksa ben günahkâr bir kulum. Benden helâllik istemeniz gerekmez. Bana isnat edilen, benim yaptığımın yüzde biridir" dedi. Nasuh diyor: "Günahları işleye işleye şeytana arkadaş oldum. Bütün günahlarımı Hak Teâlâ gördü de görmezden geldi. Beni utandırmadı. Beni utandıran günahlarım değil, cellat korkusuydu. Ey Hak yolcusu!

İdam kararından korkacağına Allah karşısında günah işlediğine yan. Allah benim tövbemi kabul etti. Her ne günah işlediysem, onları işlememiş saydı. Halbuki günahlarımın cezasıyla adalet etseydi, çekeceğim ıstırabı kâfir ülkelerindeki insanlar bile çekmezdi. Rahmetiyle benim üstümü örttü. Bu izzet sahibi Mevlâ'ya, bu ihsandan sonra nasıl günah işlerim. Yâ Rab, sana şükürler olsun. Beni ansızın gamdan kurtardın. Bedenimdeki her kıl bir dil olsa, hepsiyle sana şükretse, yine senin şükrünü eda edemem."

Daha sonra biri gelip, padişahın kızının kendisini çağırdığını söyledi. Nasuh o kadına, bir başkasını bulmalarını, artık çalışmayacağını söyledi. Gerçekten öyle ihlâsla tövbe etmişti ki canı teninden ayrılmadıkça o tövbesini bozmazdı.

ONUNCU BÖLÜM

KARUN'UN İBRETLİK KISSASI

Allah Teâlâ Hz. Musa'ya [aleyhisselâm], Benî İsrâil'i Mısır'dan çıkarmasını vahyetti. Musa peygamber onları Mısır'dan çıkardı. Firavun, ordusuyla Musa'nın [aleyhisselâm] ardına düştü ama Allah onu Kızıldeniz'de helâk etti.

Benî İsrâil Mısır'da iken Firavun'dan akıl almaz işkenceler görmüştü. Bu zulümden kurtuldular ama daha sonra ne yaptılar? İsrâiloğulları Firavun'dan kurtulduktan sonra Tîh sahrasına düştüler. Buradan hoşnut olmayan İsrâiloğulları, Mısır'da görmüş oldukları zulmü unutmuş gibi Hz. Musa'ya [aleyhisselâm], "Bizi şehirlerden, mamur yerlerden çıkardın, gölge örtüsü olmayan bir sahraya getirdin!" dediler. Bunun üzerine Allah Teâlâ onların üzerine, yağmur bulutlarına benzemeyen hafif,

beyaz bir bulut gönderdi. Bu bulut onlara gölgelik yapardı. Hareket ettiklerinde başlarının üzerinde giderdi. İsrâiloğulları'na ihsan edilen nimetlerden biri de, gökyüzünde ay görülmediği zaman, geceleri onları aydınlatan bir ışık sütununun zuhur etmesiydi. İsrâiloğulları şikâyete devam ediyordu: "Gölge ve ışık tamam ama yiyecek yok Musa!" Hz. Musa'nın [aleyhisselâm] duası bereketiyle, Allah Teâlâ men (kudret helvası) indirdi. Her gece yapraklar üzerine, herkese yetecek kadar indirildi. "Yâ Musa, tatlı yemekten usandık. Cenâb-ı Hakk'a niyaz et de et versin!" dediler. Bunun üzerine Allah, selva (bıldırcın kuşu) indirdi. Her kişi, bir gece ve gündüz yetecek kadar bıldırcın kuşu ve helva yerdi.

Şikâyetler bitmedi. *"Hani siz (verilen nimetlere karşılık), 'Ey Musa! Bir tek yemekle yetinemeyiz; bizim için Rabb'ine dua et de yerin bitirdiği şeylerden; sebzesinden, hıyarından, sarımsağından, mercimeğinden, soğanından bize çıkarsın' dediniz"* (Bakara 2/61). "Nereden su içeceğiz?" dediler. *"Musa (çölde) kavmi için su istemişti de biz ona, 'Değneğinle taşa vur!' demiştik. Derhal (taştan) on iki kaynak fışkırdı. Her bölük, içeceği kaynağı bildi. (Onlara:) Allah'ın rızkından yiyin, için, sakın yeryüzünde bozgunculuk etmeyin, dedik"* (Bakara 2/60). Musa'nın [aleyhisselâm] asâsını vurmasıyla on iki pınarın çıktığı yer, Süveyş Kanalı'nın doğusunda Uyûn-ı Musa ismiyle meşhurdur.

İsrâiloğulları'na verilen nimetler bitmedi. "Yâ Musa, biz giyim eşyasını nereden bulacağız?" dediler. Elbiseleri zamanla eskiyecek yerde, Allah'ın kudretiyle yenileşir ve güzelleşirdi. Allah Teâlâ, bu zikrettiğimiz hususları, Kur'ân-ı Mûcizü'l-Beyan'da şöyle bildiriyor: *"Ey İsrâiloğulları! Sizi düşmanınızdan kurtardık; Tûr'un sağ*

tarafına (gelmeniz için) size vade tanıdık ve size kudret helvası ile bıldırcın eti lutfettik. Size rızık olarak verdiklerimizin temiz olanlarından yiyiniz, bu hususta taşkınlık ve nankörlük de etmeyiniz; sonra sizi gazabım çarpar. Her kim ki kendisini gazabım çarparsa, hakikaten o, yıkılıp gitmiştir. Şu da muhakkak ki ben, tövbe eden, inanan ve yararlı iş yapan, sonra (böylece) doğru yolda giden kimseyi bağışlarım" (Tâhâ 20/80-82). *"Biz İsrâiloğulları'nı oymaklar halinde on iki kabileye ayırdık. Kavmi kendisinden su isteyince, Musa'ya, 'Asânı taşa vur!' diye vahyettik. Derhal ondan on iki pınar fışkırdı. Her kabile içeceği yeri belledi. Sonra üzerlerine bulutla gölge yaptık, onlara kudret helvası ve bıldırcın eti indirdik. (Onlara dedik ki:) 'Size verdiğimiz rızıkların temizlerinden yiyin.' Ama onlar (emirlerimizi dinlememekle) bize değil kendilerine zulmediyorlardı"* (A'râf 7/160).

Karun, Hz. Musa'nın [aleyhisselâm] amcasının oğludur. Önceleri fakir olan Karun güzel huylu idi. Tevrat'ı pek güzel okurdu. Yüzünün güzelliğinden dolayı ona "Münevver" ismini verdiler. Musa peygamber dua etti, simya ilmini öğrendi.

Karun, Hz. Musa'ya [aleyhisselâm] iman etmeden önce Firavun'un temsilcisiydi. İdaresi altındakilere çok zulmederdi. Musa'ya [aleyhisselâm] inandıktan sonra ilme, ibadete yöneldi. Hz. Musa'dan [aleyhisselâm] çok şey öğrendi. Musa ve Harun peygamberden sonra İsrâiloğulları'nın en bilgilisi idi. Kırk sene bir dağ başında ibadet etti. İblîs, insan kılığına girip onunla birlikte ibadete başladı ve Karun'u geçti. Sonra ona, "Ey Karun, böyle ibadet etmekle iyi mi yapıyoruz? İsrâiloğulları'nın hastalarını yoklamıyor, cenazelerinde bulunmuyoruz. Dağdan insek ve

insanlara hizmet etsek nasıl olur? Sadece cuma günü çalışıp diğer günler yine ibadet edelim" dedi. Öyle yaptılar. Bir müddet geçti. İblîs tekrar, "Sanki böyle yapmakla iyi mi ediyoruz? Bir gün çalışıp bir gün ibadet edelim" dedi. Bu teklifi de kabul gördü. Böylece Karun, şeytanın teşvikiyle dünya malı toplamaya başladı, hırsı arttı. Daha fazla mal toplama gayretine düştü.

DÜNYA MALI TOPLAMAK SUÇ DEĞİL
YETER Kİ GÖNÜLE GİRMESİN

Muhteremler, dünya malı toplamak suç değildir. Sahabeden Abdurrahman b. Avf [radıyallahu anh] kaç kere malını dağıttı, kaç kere yeniden kazandı. Hz. Osman [radıyallahu anh] zengindi. Hz. Süleyman da [aleyhisselâm] zengindi. Suç olan, malı toplarken Allah'ı unutmaktır.

Karun'un zenginliği dillere destan oldu. Hazinelerinin anahtarlarını kırk katır taşırdı. Karun zengin olunca iyi ve güzel hasletlerini de kaybetti. Zulüm ve haksızlık yapmaya başladı. Ziynetlerle süslü elbiselerle salına salına yürürdü. *"Derken, Karun, ihtişamı içinde kavminin karşısına çıktı. Dünya hayatını arzulayanlar, 'Keşke Karun'a verilenin benzeri bizim de olsaydı; doğrusu o çok şanslı!' dediler"* (Kasas 28/79). Altın eğerli beyaz bir ata biner, iki yanında süslü elbiselerle donatılmış yüzlerce köle ve câriye yer alır, halka gösteriş yapardı. Malı ne kadar çok olsa da kıyıp fakirlere vermezdi. Nasihat edenleri hiç dinlemedi. Musa'nın [aleyhisselâm] sözlerinin İsrâiloğulları tarafından dinlenmesine tahammül edemez oldu. Hele kurban kesme meselesinin Harun'a [aleyhisselâm] verilmesine hiç dayanamadı. Musa peygambere giderek şöyle dedi:

- Ey Musa, senin peygamberliğin, Harun'un hibirliği (kurban kesme vazifesi) var. Benim böyle bir şeyim yok. Halbuki ben Tevrat'ı en iyi okuyanım. Buna nasıl dayanayım?

- Vallahi Harun'a bu vazifeyi Allah Teâlâ verdi.

- Bana bu hususta bir beyan, bir alamet göstermedikçe bu hususta seni tasdik etmem.

Hz. Musa [aleyhisselâm] İsrâiloğulları'nın reislerini toplayıp bastonlarını getirmelerini söyledi. Getirdiler. Her birinin ismi asâlarının üzerine yazıldı. Allah'a ibadet ettikleri mâbedin içine bırakıldı. Musa [aleyhisselâm], "Sabahleyin kimin asâsı yeşillenmiş olursa hibirliğe o layıktır" buyurdu. Asâlar sabaha kadar orada kaldı. Harun'un [aleyhisselâm] asâsı yeşil yapraklar açtı. Bunun üzerine Musa peygamber şöyle dedi:

- Ey Karun, bunu ben mi yaptım?

- Vallahi bu sihirbazlarınkinden daha farklı bir şey değildir!

MAL HIRSI AKLINI BAŞINDAN ALDI

Böyle deyip kızdı, gitti. Musa [aleyhisselâm], aralarındaki yakınlık dolayısıyla onu idare etti. Buna rağmen Karun, her zaman Musa peygambere eziyet ve sıkıntı vermekten geri kalmazdı. Günden güne düşmanlığı şiddetlendi. *"Karun, Musa'nın kavminden idi de, onlara karşı azgınlık etmişti. Biz ona öyle hazineler vermiştik ki anahtarlarını güçlü kuvvetli bir topluluk zor taşırdı. Kavmi ona şöyle demişti: Şımarma! Bil ki Allah şımarıkları sevmez. Allah'ın sana verdiğinden (O'nun yolunda harcayarak) ahiret yurdunu iste; ama dünyadan da nasibini unutma.*

Allah sana ihsan ettiği gibi, sen de (insanlara) iyilik et. Yeryüzünde bozgunculuğu arzulama. Şüphesiz ki Allah, bozguncuları sevmez" (Kasas 28/76-77). Bu âyetler yalnız Karun'a değil hepimize fermandır.

Karun'un şımarıklığı gittikçe arttı. Nimeti kendinden bildi. "Ben kazandım. Bu servet bana ancak bende olan ilmim mukabilinde verildi" dedi. İyi işleri, iyi sözleri lutuf ve ihsanları kendinden bilmek helâk alametidir.

Karun, Musa'ya [aleyhisselâm] muhalefette çok ileri gitti. Altından bina yaptırdı. Orada ziyafetler verdi. İsrâiloğulları'nı yanına çekti. Onun sözlerine kandılar, onun emrine girdiler.

Allah Teâlâ'dan zekât emri geldi. Musa peygamber Karun'a zekâtın miktarını söyledi. Karun, malını, parasını hesap etti ve nefsi bu zekâtı vermeyi uygun görmedi.

MAL HIRSI EN ÇİRKİN GÜNAHLARI DA BERABERİNDE GETİRDİ

Kavmini topladı. Onlara, "Musa'nın dediklerine itaat ettiniz. Şimdi de malımızı elimizden alacak. Buna da mı itaat edeceğiz?" diyerek kavmini Musa'ya [aleyhisselâm] isyana teşvik etti. "Sizin malınızı paranızı almak için Musa bu âyeti icat etti" dedi. "Sen bizim büyüğümüzsün, efendimizsin. Ne yapmamızı istiyorsun?" dediler. "Size emrim, filan fahişeyi buraya getirin. 'Musa benimle zina etti' desin. Ona bahşiş verelim" dedi.

Fahişeyi getirdiler. Karun ona 1000 dirhem gümüş verdi. "Senin koruyucun benim. Yarın İsrâiloğulları'nın önünde, 'Musa benimle zina etti' diyeceksin" dedi.

Ertesi gün Karun, İsrâiloğulları'nı topladı. Musa'yı da [aleyhisselâm] çağırdı. "İsrâiloğulları toplandı, seni bekler. Allah'ın emir ve yasaklarını, dinin esaslarını onlara bildir" dedi. Hz. Musa [aleyhisselâm] anlatmaya başladı: "Hırsızlık yapanın elini keseriz. İftira edene seksen sopa vururuz. Zina eden bekâr kimseye yüz sopa vurur, evli ise ölünceye kadar onu taşlarız" dedi. Karun araya girdi ve şöyle dedi:

- Ya bu işi sen yaparsan Musa?

- Ben de yapsam durum aynıdır.

- İsrâiloğulları senin filan kadınla zina yaptığını söylüyorlar.

- Ben mi?

- Evet.

- O kimseyi çağırın bakalım ne diyor? Şahitlik ederse dediği gibidir.

Kadını çağırdılar. Geldi. Musa [aleyhisselâm] sordu: "Ey kadın, ben sana bunların dediği gibi bir şey yaptım mı?" Sonra peygamberlik nuru ile ona baktı. "Musa'ya denizi yarıp yol yapan, Musa'ya Tevrat'ı indiren Allah hakkı için doğru söyle!" dedi. Allah Teâlâ kadına yardım etti.

Şöyle dedi: "Bugün tövbe ile söze başlamam, Allah'ın peygamberlerine eziyet etmemden iyidir. Hayır, onlar yalan söylüyorlar. Karun bana Musa'ya iftira etmem için çok para verdi." Kadın bu sözleri söyleyince Karun şaşırdı, ne yapacağını bilemedi. Orada bulunanlar bir müddet sessiz kaldılar. Musa [aleyhisselâm] hemen secdeye kapandı. Hem ağlıyor hem de, "Yâ Rabbi, senin düşmanın bana eziyet etti, beni çirkin bir fiille suçladı. Ey Allahım, onun cezasını ver" diyordu. Allah Teâlâ, Musa'ya [aleyhisselâm] başını secdeden kaldırmasını emir buyurdu. Yere de, "Musa'nın isteğine uy" emrini verdi.

SONUÇ: HELÂK

Musa [aleyhisselâm], "Ey İsrâiloğulları, Allah Teâlâ beni Firavun'a gönderdiği gibi Karun'a da gönderdi. Ona uyan onunla kalsın, bana uyan benim yanımda kalsın" buyurdu. İki kişi hariç herkes Karun'dan ayrıldı. Musa peygamber, "Ey toprak, onları yut!" buyurdu. Dizlerine kadar yuttu. "Ey toprak, onları yut!" Bellerine kadar yuttu. "Ey toprak, onları yut!" Boyunlarına kadar yuttu. "Ey toprak, onları yut!" Toprak onları içine alıp kapandı. Yerin dibine geçtiler. Karun ve arkadaşlarından hiçbir eser kalmadı.

İsrâiloğulları kendi aralarında fısıldaşmaya başladılar: "Musa [aleyhisselâm], Karun'un mal ve mülkünü ele geçirmek için ona beddua etti" dediler. Allah Teâlâ şöyle buyuruyor: *"Nihayet biz, onu da sarayını da yerin dibine geçirdik. Artık Allah'a karşı kendisine yardım edecek avanesi olmadığı gibi, o, kendini savunup kurtarabilecek kimselerden de değildi. Daha dün onun yerinde olmayı isteyenler, 'Demek ki Allah rızkı, kullarından dilediğine bol veriyor, dilediğine de az. Şayet Allah bize lutufta bulunmuş olmasaydı, bizi de yerin dibine geçirirdi. Vay! Demek ki inkârcılar iflah olmazmış!' demeye başladılar. İşte ahiret yurdu! Biz onu yeryüzünde böbürlenmeyi ve bozgunculuğu arzulamayan kimselere veririz. (En güzel) âkıbet, takva sahiplerinindir. Kim bir iyilik getirirse ona bundan daha hayırlı karşılık vardır. Kim bir kötülük getirirse, o kötülükleri işleyenler, ancak yaptıkları kadar ceza görürler"* (Kasas 28/81-84).

Herkes bu kıssaya bakarak kendi âkıbetini düşünsün. Allah hepimize idrak ve anlayış versin. Âmin.

KAZÂ ve KADER AKILLA İDRAK EDİLEMEZ

Kader konusuna üstat Bedîüzzaman hazretlerinin *Sözler* isimli eserinin "Yirmi Altıncı Söz"ünden başlıyoruz. Rabbim Teâlâ, kaderimize taalluk eden iman hakikatlerimizi kâmil etsin. Yanlış akîdeden bizi muhafaza eylesin. Âmin.

Kader ve cüz-i ihtiyarî, imanın ve İslâm'ın nihayet hududunu gösteren, imanın cüzlerindendir. Mümin, her şeyi hatta fiilini, nefsini Cenâb-ı Hakk'a vere vere, nihayette teklif ve mesuliyetten kurtulmamak için "cüz-i ihtiyarî" önüne çıkar. Ona, "Mesul ve mükellefsin" der. Sonra, ondan ortaya çıkan iyilikler ve kemalât ile mağrur olmaması için "kader" karşısına gelir. "Haddini bil, yapan sen değilsin" der. Bunun için kader ve cüz-i ihtiyarî, iman meseleleri içine girmiştir. Kısaca, cüz-i ihtiyarî, yaptıkları

ve yapacakları karşısında insana mesuliyetini hatırlatır; kader de gurur ve kibire kapılmamasını sağlar.

Manen terakki etmeyen, işin hakikatini bilmeyen kimseler kaderi yanlış yorumlarlar. Hüzünlerine, elem ve yeislerine ilaç olarak kullanırlar. Başına türlü musibet gelir. "Ne yapayım, benim kaderimmiş" der. Bir derece teselli bulur. Lâkin bu teselli ne kendisine fayda verir ne de amellerine güzellik katar. Bu hal, kaderin hukukunu bilmemekten ortaya çıkar ki teselli değil hakikatte musibettir. Zira kaderi ve cüz-i ihtiyarîyi bilmemekle vebale girer, mesuliyetten kurtulamaz, gevşekliğe sebep olur. Bu gevşeklik onun mesuliyetini artırır. Allah'ın divanında hesaba çekilince kendini kurtaramaz. Bu bakımdan insan seyyiatından (işlediği günahlardan) tamamen kurtulamaz. Çünkü günahları işleyen ve isteyen, insanın kendisidir. Seyyiat tahribat cinsinden olduğundan bir kötü hareket bin mamur ameli batırır. Şu halde, günahı isteyen insanın nefsi olduğundan ve günah da neticede tahribat yaptığından, bir seyyie ile bin vebal yüklenilir. Müthiş bir ceza hak edilir.

İYİLİK, GÜZELLİK ALLAH TEÂLÂ'DAN

İyilikte, güzellikte insanın eli yoktur. İyilik ve güzellikleri isteyen Allah'ın rahmetidir. İcat eden Allah Teâlâ'dır. Demek sebebiyet ve sual nefistendir ki mesuliyeti o çeker. Hakka ait olan halk ve icat ise daha başka güzel netice ve meyveleri olduğu için güzeldir, hayırdır. İşte bu sırdandır ki kisb-i şer, şerdir; halk-ı şer, şer değildir. Yani şerri kazanmak şerdir; şerri yaratmak şer değildir. Yılanı yaratmak şer değildir; yılana sokulmak şerdir. Dere yatağına ev yaptın. Yağmur yağdı, evini sel bastı. Yağmur şer

değildir. Sen, tedbirsiz hareket ettiğin için şerri kendin kazandın. "Bu benim kaderim" diyemezsin. Halk (yaratma) ve icatla, ufak bir şer ile beraber çok hayırlar vardır. Bir parça şer için büyük ve çok hayrı terketmek büyük şer olur. Onun için, o küçük şer, hayır hükmüne geçer. İcad-ı ilâhîde şer ve çirkinlik yoktur. Belki kulun elde etmesi ve istidadı ile ilgilidir.

Asıl mesele sebebin sebebi olan illettir. İlletin içerisinde takdir-i Hudâ vardır. Kader-i ilâhînin netice ve meyveleri çok tatlıdır. Çünkü Allah kuluna zulmetmez. Halbuki kader, illetlere bakar, adalet eder. Sen baş gözünle ve aklınla sebebe bakarsın; kader, takdir-i Hudâ'ya bakar. Sen hâkimsin. Bir hırsız geldi ve sen onu dört sene hapse mahkûm ettin. O adam, hırsızlık yapmadığına yemin ediyor. Ben de biliyorum, o kimse hakikaten o hırsızlığı yapmadı. Ama şahitlerin beyanına göre mahkûm oldu. Hâkim, dış sebeplere bakarak hüküm verdi. Allah Teâlâ ise sebebin sebebine bakarak adalet eder. Çünkü o adamın amel defterinde cezasını bulmamış bir suç var. Cenâb-ı Hak, o hâkim ve şahitler vasıtasıyla onun cezasını kesmiştir. Bunu bilmeyenler hâkimin zulmettiğini söylerler.

Başka misal: Sen köprü üstünde yürüyordun. Arkadan gelen bir taksi sana çarptı ve bacağın kırıldı. Zâhirî sebeple şoför suçlu. Şoförü mahkûm ettirip tazminat alabilirsin. Halbuki Allah Teâlâ senin gizli defterinden vaktiyle zulmettiğin birine veya dövdüğün hanımına karşı işlediğin günahı çekti. O zulmünün karşılığında ayağının kırılmasına hükmetti. O şoför de buna vesile oldu.

SEBEPLER ÂLEMİNDE YAŞIYORUZ

Yavuz Sultan Selim Han 1517 senesinde Mısır seferini yaptı ve Ridâniye Muharebesi'ni kazandı. Mısır'ı fethetti. O zaman Mısır'da Kansu Gavri isimli Çerkez bir hükümdar vardı. Çok zulmediyordu. Milletin canına tak etmişti. Mısır ulemasından üç ârifibillah ona, "Bu kadar zulmetme. Bir gün Mısır'a sakallı olmayan bir İslâm hükümdarı gelir de tahtını yıkıverir" dediler. Güldü ve, "İslâm hükümdarı sakalsız olmaz ki!" dedi. Bilmiyorlardı ki Yavuz Sultan Selim Han sakalsızdı. Ömer el-Becâyi Mağribî ve Ömer Meczub isimli ârifibillahlar da aynı şekilde Kansu Gavri'yi ikaz ettiler. Dedikleri gibi oldu. Kansu Gavri savaşta öldü. Oysa Kansu Gavri kendisine mavi kubbeli bir türbe yaptırmıştı. İşçiler bu türbeyi yaparken Ömer el-Becâyî Mağribî hazretleri oradan geçmiş ve işçilere şöyle demişti: "Gavri burada yatmayacak, cesedi çok uzaklarda kalacak. Türbeyi boşa yapıyorsunuz. Onu savaşta öldürecekler." Nitekim öyle de oldu.

Bunlar Allah dostları, veli kullar. Allah dostları insanlar için rahmettir. Neden biz yardım istiyoruz? Burada iki farklı durum vardır:

1. Mana-yı ismi

2. Mana-yı harfi.

Elma diyelim. Mana-yı ismi meyvedir. Mana-yı harfi, elmayı halkeden müsebbib-i hakiki ki Allah'ı gösterir. Elma mı şifa verir, elmayı yaratan mı? Allah'ın tevfik ve inayeti o meyvede tecelli ederse şifa verir.

Cenâb-ı Allah, her hayat sahibine dünya hayatının devam edebilmesi için özel şartlar koymuştur. Mesela bir balığa, suda yaşayacak vücut yapısı ile rızkını suda

vermiştir. Suyun dışına çıkarsa yaşayamaz. Balığın suda yaşaması kaderidir. Ben suya girsem ve balık gibi suda yaşayacağım desem, ölümüm mukadder olur. Benim de karada yaşamak kaderimdir.

Allah Teâlâ, bize bu maddi âlemde yaşamamız için koyduğu sebeplerin yanı sıra manevi hayatımızın tanzimi için de ibadet ve taat koymuş, günahlardan sakınmamızı emretmiştir. Bunlara riayet etmek veya etmemek, balığın sudan çıkması gibi bir mesele değil midir? Allah Teâlâ hazretleri işte bunun için, *"O ki, hanginizin daha güzel davranacağını sınamak için ölümü ve hayatı yaratmıştır. O, mutlak galiptir, çok bağışlayıcıdır"* (Mülk 67/2) buyurmaktadır.

HER ŞEY ALLAH'IN TAKDİRİ İLEDİR

Kader meselesinin imanın ve İslâm'ın önemli bir meselesi olduğunu ifade etmiştik. Aklımızla kader ve kazâyı idrak edelim dersek yetmez. Kazâ ve kader, Allah Teâlâ'nın irade ve kudret sıfatlarının bir gerekçesidir. Şu kâinatın içinde cereyan eden hadiseler Allah'ın ilmine, iradesine, kudretine dayanır. Şu halde bu kâinatın işleri, bir tayin ve takdire, bir plana göre hazırlanmıştır.

Benim ne yapacağım, senin ne yapacağın, yüz sene yaşayacaksam ne haller geçireceğim ezel-i ilâhîyede takdir edilip yazılmıştır ki bu kaderdir. Ezelde takdir olunan her şeyin Cenâb-ı Hakk'ın halk ve icadıyla meydana gelmesine kazâ denir. Filan gün hasta olacağım kaderde yazılı. Hasta oldum, kazâdır. Kazâ, kaderin tayin ettiği hukukun meydana gelmesidir. Elma ağacının elma verecek olması ezeldeki takdiri ile kaderidir. Baharda çiçek açtı, yapraklandı ve sonra elmalar oldu. İşte o zaman kazâ gerçekleşti. Çünkü bu ağaç elma almak için dikildi.

İNSANIN FİİLLERİ

Kader ikiye ayrılır:

1. İnsanın kendi iradesiyle işlediği fiil ve ameller.

2. İnsanın iradesi dışında meydana gelen hadiseler.

İnsanın kendi arzusu ve iradesiyle meydana gelen hadiselere "ihtiyarî" denir. İnsanın iradesine bağlı olmayan hadiselere de "ıztırarî hal" denir. Yemeği yedim, midem onu eritti, kan olması benim emrimde değil. İnsanlar, kader-i ilâhîyede, ihtiyarları ile yaptıkları amellerden mesuldür. Iztırarî hallerden ise hiç kimse mesul ve mükellef değildir.

İhtiyarî haller ilâhî hukukla tayin edilmiştir. Bu hukukun tayinine uyanlar saadete erer, uymayanlar musibete duçar olur. Yemek yemem ihtiyarîdir. Bir ay yemek yememeye yemin etsem, hayatım tehlikeye girer. Ölümüme sebep olursa, ihtiyarımla bunu seçtiğim için mesul olurum. Ama yediğimi eritemiyorum. Kalbim hakkıyla kanı pompalamıyor, dolaşımda bozukluk varsa, bunlar benim elimde değil.

Allah Teâlâ, ihtiyarî hududumuzu serbest bırakmıştır ki buna cüz-i ihtiyarî denir. Nimetlerin ele gelmesi Allah'ın takdiriyledir. Maddi hayatımızda işlerin tedvir edilmesi bazan bizim ihtiyarımızla olur, bazan da ihtiyarımızın dışında gelişir. İnsanın kendi iradesi ile ilgili olan hukuka Allah Teâlâ aklı koymuştur. Aklı Allah yaratmıştır, mahlûktur. Bu akıl, kendi kabiliyetiyle ibadet ve taatin hikmetini tam manasıyla kavrayamazsa; kendisini yaşatan yeme, içme, giyinme, evlenme ... gibi menfaatleri idrak edemezse, sahibini hüsrana uğratır.

Biz nerede hata yapıyoruz? Maddi hayatımızda hiçbir şeyi noksan bırakmıyoruz ama ilâhî emirlerde ve ibadetlerde nice noksanlarımız oluyor. Ehemmiyet vermlyoruz. Yemek tuzlu oldu diye evde gürültü çıkarıyoruz. Bu hususta çok hassas davranıyoruz da, bir vakit namaz kılınmadığında aynı hassasiyeti göstermiyoruz. Şu halde akıl, nefsin menfaatindekileri bilir, ilâhî menfaatleri idrak edemez. Aile hukukunun hikmetini, ibadetin sırrını zâhirî akılla anlamak mümkün değildir. Bunun için Allah Teâlâ hazretleri bize kitaplar, peygamberler göndermiştir.

Resûlullah Efendimiz [sallallahu aleyhi vesellem] şöyle buyurmuştur: *"Kader hususunda konuşmayın. Zira kader Allah'ın sırrıdır."* [20]

Bu, ezel ve ebedde tekerrür edecek hadiseleri akıl yoluyla çözmeye kalkmayın. Allah Teâlâ'nın takdirinde yüzlerce gizli hakikat vardır. Bunları bilmeden, aklınıza göre hüküm vermeye kalkarsanız sizi mesuliyete götürür, demektir.

Kader, levh-i mahfûzda yazılı olan hukuktur. Bu meydana gelince kazâ olur. Bu kazâ, belalı ise ve Allah azameti ile onu defederse yani ortadan kaldırırsa, buna "atâ" denir. Atânın teşekkül etmesi, o kulun hayırlı amellerle rıza-yı ilâhîyi kazanmasına bağlıdır.

KÜLLÎ ve CÜZÎ İRADE

İnsanın iradesi nedir? Mesuliyet nereden çıkar? İrade, kast, niyet, dilemektir. İlm-i kelâm âlimlerince, insanın bir işe başlamadan önce kendisinde mevcut olan

---

20 Ali el-Müttakî, *Kenzü'l-Ummâl*, 1/132 (nr. 620); Ebû Nuaym, *Hilyetü'l-evliyâ*, 6/196 (nr. 8274).

iradesini yani küllî iradesini, bu iradenin herhangi bir cü-
züne sevketmesine cüzî irade denir. Bende küllî irade
olarak yüzlerce, binlerce şeyi yapabilecek kudret vardır.
Yiyebilirim, yatıp uyuyabilirim, çarşıya çıkabilirim, ara-
ba kullanabilirim ... Hakeza. Cüzî, küllînin bir parçasıdır.
"Az" demek değildir. Küllî iradenin muayyen bir kısmını
bir işe tahsis etmek cüzî iradedir. Araba kullanırken di-
reksiyon tutarım. Bu küllî iradedir. Bir yere sapmak için
direksiyonu sağa veya sola çevirirsem, cüzî irade olur.

Kader ve cüzî irade imanın hudutlarını çizer. İnsan,
nefs-i emmâresi cihetiyle kemal ve cemâli ile iftihar et-
mek, kusurlarına bahaneler aramak yahut bunları baş-
kalarına yüklemek ister. Kendisinde bulunan iyilik ve
güzellikleri Allah Teâlâ'nın bir ihsanı olarak bilmemesi,
kendisindenmiş gibi iftihar etmesi insanı gurura sürükler.
Sohbetimizin başında da kaderin iyiliklerde eli olmadığı-
nı, Allah'ın dilemesi ile husule geldiğini, bunlarla övün-
memek gerektiğini anlatmıştık. Bu hususu Mehmed Kır-
kıncı Hoca şöyle açıklıyor: Gurura kapılır, haksız olduğu
halde haklı gösterir. Yaptığı bir iyiliği başa kakar. Bütün
bunlar gurura yol açar. Gururun mertebeleri vardır. Her
insanda da illa bir gurur vardır. Gururun birinci mertebesi,
kendi emsaline karşı gururlanmaktadır. Sonra bir âlime
karşı gururlanır, müctehide karşı gururlanır. Arıya bal
yapacak, ipek böceğine ipek dokuyacak istidadı veren
Allah, insanı da hayırlı işler yapacak istidatta yaratmıştır.
Dolayısıyla insanda görülen iyilik ve güzellikler, Cenâb-ı
Hakk'ın insana, istidadından dolayı bahşettiği lutfudur.
Arıyı balıyla, ipek böceğini ipeğiyle iftihar ettirmek düşü-
nülmeyeceği gibi insanın da bu gururundan kurtulup ha-
yırda elinin olmadığını bilmesi lazım gelir. Risâle-i Nûr'da
buyruluyor: İyilikleri, sevapları, hayırları isteyen Allah'ın

rahmetidir. İcat eden kudret-i rabbâniyyedir. Sual ve cevap, dâî ve sebep, ikisi de Allah'tandır.

Bunun izahı şöyledir: Cenâb-ı Hak, nar ağacı elde etmemizin yolunu, nar ağacı yetiştirmek şeklinde takdir etmiştir. Nar ağacı sual. Sual istemek, Allah'tan murad etmek. Nar cevaptır. Şu halde insan, cüzî iradesini Allah'ın emrettiği şekilde kullanmalıdır. Bunun için Allah bize birtakım ibadetler yapmayı emretmiş, ibadetlere çeşitli sevapları takmıştır. İbadet etmek, Allah'tan istemek sualdir. Sevabı, cevap manasındadır. İstetmek ve hayrı vermek, ikisi de Hak Teâlâ'dandır. Şu halde, Ehl-i sünnet itikadında, hayrı isteme iradesi, cüzî irade olarak hayra sevketme sorumluluğu mahlûk olarak insana aittir. İstediği hukuku icra edip yerine getirmek ise Allah'ın kudretidir. Bundan dolayı, aklı başında olan bir insanın kusurunu kabul etmesi, ondan kurtulmak için gayret göstermesi lazım gelir. Onun da yolu tövbedir.

Üstat Bedîüzzaman hazretleri "Yirmi Altıncı Söz"ün sonunda, "Mademki sen naçiz bir kulsun, kader ve cüz-i ihtiyarî senin etrafını sarmış, zayıflığını idrak ediyorsan bir eline tövbeyi, bir eline duayı ver" buyuruyor. Abdin vazifesi budur. Kusurunu kabul etmeyerek, "Bu Allah'ın takdiridir. Benim başıma geldi" demesi, sanki ona, işlediği günahları Allah'ın yaptırdığı kanaatine kapılarak tövbeyi terketmesi, küfre girmesine yol açabilir. İnsanın, ihtiyarî olan işlerinde mesuliyet kendine aittir. "Benim fiil ve hareketlerimi Allah yaratıyor. Benim ne mesuliyetim var?" diyene Mehmed Kırkıncı Hoca şöyle cevap veriyor: "Firavun'la Ebû Cehil'e Allah zulmetti de mi kâfir oldular? Rabbimiz, Ebû Bekir-i Sıddîk hazretlerinin imanını irade etmiştir, fakat iman etmesini emretmemiştir. O,

imanı kendi seçmiştir. Kezâ Firavun'a ve Ebû Cehil'e de imanı irade ve emretmemiştir ama onlar küfrü kendileri seçmişlerdir. Onun için mesuliyet kendilerine aittir."

Allah Teâlâ hazretleri, *"(Önce) en yakın akrabanı uyar"* (Şuarâ 26/214) buyurdu. Kırk kişiden fazla Benî Hâşim'i Safâ tepesine yakın bir mahalde topladı ve onlara İslâm'ı tebliğ etti. Öncesinde Hz. Ali'ye [radıyallahu anh], bir kişiye yetecek kadar pilav pişirmesini ve üstüne et koymasını, bir kişiye yetecek kadar da süt getirmesini söylemişti. Hz. Ali söylenileni yaptı. Çağırdıklarına yemekten ve sütten ikram ettiler. Hepsi doyasıya yiyip içtiler. Öz amca Ebû Leheb şöyle dedi: "Yâ Muhammed, amma sihirbazmışsın. Bir kişilik yemeği kırk kişiye yedirdin. Senin bu emrinle Arap'ın başına ne geleceğini düşünmez misin? Biz az bir Arap kavmiyiz. Yahudisi var, hıristiyanı var. Bizim başımıza neler getirirler? Sen ulu bir sihirbazsın!" Ömrü boyunca, öz amca Ebû Leheb, Fahr-i Kâinat Efendimiz'e sihirbaz, dedi. Amcasının oğlu Karun da Musa'ya [aleyhisselâm] sihirbaz demişti.

Allah Teâlâ hazretleri hayrı da şerri de diler. Hayırdan razı olur, şerde rızası yoktur. İlim, maluma tâbidir. Allah'ın yaratması kulun kalbine tâbidir. Çünkü hayır ve şer, kulun kalbi, sonra Yaratıcı'nın yaratmasından meydana gelir. Kulun kalbinin arzusunu Allah'ın yaratması, kulun tedbirinin zıddında olursa, kul sorumlu olur. Kur'ân-ı Kerîm'de buyruluyor: *Âlemlerin Rabbi Allah dilemedikçe siz dileyemezsiniz"* (Tekvîr 81/29). Birine şekavet diğerine saadet diledi gibi oluyor ama öyle değil. Onun için, kimse Kur'an'dan kendi başına mana çıkartmamalıdır.

Hulasa Rabbimiz, kudretiyle, hayır ve şerri kulun medar-ı teklif olan cüzi iradesine bağlamış, aynı zamanda

kulunu ikisinden birini seçmekte serbest bırakmıştır. Allah, elbette kulun hangisini seçeceğini ezelde bilir. Bu noktada yanılma oluyor. Kulun neyi tercih edeceği levh-i mahfûzda ezelde yazılıdır. Ezelde yazıldığı için kul bu fiili işlemiyor. Allah, ilmiyle bu kulun ne iş yapacağını bildiğinden yazmıştır.

Meselenin diğer yönü de şudur: Eğer insanlar günahları ezelde takdir olduğu için mecburen işliyor olsalardı, her şeyi sonsuz hikmetle yaratan Hakîm-i Zülcelâl'in insanlara peygamberler ve kitaplar göndermesi, emirler ve yasaklar koyması manasız olmaz mıydı? Diğer yanda Allah Teâlâ, Gafûr ve Gaffâr isimlerinin icabı tövbeyi emretmektedir. Peygamber Efendimiz'in [sallallahu aleyhi vesellem] beyanıyla, *"Günahına tövbe eden sanki hiç günah işlememiş gibi olur."* [21] Bu da insanların menfaatinedir.

KÖTÜLÜK İŞLEYEN BİRİNİN GÜNAHI NASIL TECELLİ EDER?

Şerri isteyen birinin, günahının nasıl tecelli ettiğine bir misal verelim: Taberistan'da zalim, sefih bir hükümdar vardı. İnsanlara zulmeder, bâkire kızları bozardı. Bir gün, yaşlı bir kadın Şeyh Ebû Said el-Kassâb hazretlerine vardı. "Yâ şeyh, bana yardım et. Benim iffetli ve güzel bir kızım var. Onun güzelliğini duyan hükümdar, birçoklarına yaptığı gibi bana da haber gönderdi. Kızımı süsleyip hazırlamamı emretti. Bu gece geleceğini bildirdi. Sana sığındım. Umarım ki yapacağın bir duanın bereketiyle Allah bizi o zalimin şerrinden kurtarır" dedi.

Şeyh başını eğdi. Bir müddet tefekkür etti. Sonra başını kaldırdı ve kadına, "Diriler içinde duası makbul

---

olan insanlar azalmıştır. Onun için kabristana git. Orada senin işini bitiren birini göreceksin" dedi. Kadın, müslümanların kabristanına gitti. Orada genç, güzel yüzlü, iyi giyimli bir adamla karşılaştı. O adam kadına, kimi aradığını sordu. Kadın, kendisini oraya kimin gönderdiğini ve meseleyi anlattı. Bunun üzerine o genç adam, "Sen Ebû Said el-Kassâb hazretlerine git. Sana dua etsin. Onun duası makbuldür" dedi. Kadın, "Dirilere gidiyorum, ölülere gönderiyor. Ölülere gidiyorum, dirilere gönderiyor. Benim halim ne olacak yâ Rabbim?" diye ağladı. Tekrar şeyhin yanına gitti. Gencin ona söylediklerini aktardı. Şeyh terledi, sıkıldı, secdeye kapandı. Kadın evine dönünce duydu ki, hükümdar onun evine doğru atını koşturup gelirken düşmüş, boynu kırılarak ölmüştü.

Bu hadiseden sonra Şeyh Ebû Said hazretlerine, kadını niçin kabristana gönderdiğini sordular. "O zalim hükümdarın kanına girmek istemediğim için bu işi kardeşim Hızır'a naklettim. Kabristana göndermemdeki maksat, dua edersem ve hükümdar ölürse, mesul olup olmayacağımı anlamak içindi. Hızır bana gönderince anladım ki dua edebilirim" cevabını verdi.

Anlattıklarımıza göre ne oldu? Zalim hükümdarın zulmünü icra etmesine Hızır [aleyhisselâm] da razı olmadı. Şeyhe, dua et de kahrolsun, demeye getirdi. Zalim, kızları iğfal etmekle cüzî iradesini daima şerre kullandı. Allah Teâlâ, o ârifibillahın duası hürmetine onun helâkine hükmetti. Demek Allah Teâlâ hazretleri cüzî iradeyle kula serbestiyet vermiş. Neticesinde şer veya hayır istemesi kula tâbi. Eğer kul hayır işlediyse hayra, şer işlediyse, zalim hükümdar gibi şerre ulaşır.

MEZHEPLERİN KADER ve KAZÂYA DAİR GÖRÜŞLERİ

Mezheplerin kader ve kazâ hakkında görüşleri farklıdır. Cebriyye mezhebi der ki: Kulun hiçbir hükmü yoktur. Allah ezelde, levh-i mahfûzda ne yazmışsa, yazılan aynen kazâ olarak tahakkuk eder. Tıpkı bir ağacın yaprağı rüzgârla sürüklendiği gibi, Allah da kulunu sürükler. O zaman Allah zulümkâr olur. O zaman adalet, irade-i cüz'iyye, ef'al-i ibad denilen kulların fiilleri ortaya çıkmaz.

Mu'tezile mezhebi der ki: Cenâb-ı Hak insanları kendi fiillerini icat edebilecek bir irade ve ihtiyara sahip kılmıştır. İnsanların böyle yaratılması o Hakîm-i Zülcelâl'in adaletinin muktezasıdır. İnsanlar ancak kendi ihtiyarî fiillerinin yaratıcısıdır. Onun için fiillerinden mesuldür. Hayır ve şer kulun isteğine bağlıdır.

Hulasa Cebrîler cüzî iradeyi inkâr ettiler. Mu'tezile ise her şeyi kula bıraktı, yani kula bir nevi hâlikıyet verdi.

İlim maluma tâbidir. İlim, işleyeceğimiz bütün amelleri Cenâb-ı Hakk'ın ezelî ilmi ile bilmesidir. Malum ise işlediğimiz bütün amellerdir. İnsanlar, ihtiyarî fiilleri nasıl işleyeceklerse Allah Teâlâ ezelde bilmiş, takdir etmiştir. Yoksa Rabbü'l-âlemin öyle bildiği için insanlar o fiilleri öyle işlemiş değildir. Buna şöyle bir misal verelim: Güneş ve ay tutulmalarının tarihini, saatini önceden bilmek ilimdir. Malum ise o tarihte güneşin tutulmasıdır.

Allah bizleri doğru itikaddan ayırmasın. Âmin.

AKIL ANCAK ŞERİATLA HİDAYETE EREBİLİR

İmam Gazâlî'nin *Hakikat Bilgisine Yükseliş* isimli eseri ile bu bölüme sohbetimize başlıyoruz: Akıl ve şeriatın birbirine ihtiyacı vardır. Şeriat ilmi, aklımızın idraki için bütün ümmet-i Muhammed'e lazım gelen bir bilgidir. Bir âlim, dünyevî ilimlerde en üst makama çıksa, şeriat bilgisi yoksa, İslâm'ın ve imanın hakikatlerini bilemez.

İmam Gazâlî [rahmetullahi aleyh] buyuruyor ki: "Ey kardeşim, bilmiş ol ki akıl ancak şeriatla hidayete erebilir." Şeriat nedir? Kur'ân-ı Kerîm, hadis-i şerif, akaid ilmi, fıkıh ilmi, muamelat ilmi ve İslâm'ın hakikatini anlatan ne kadar ilim varsa, buna şeriat denir. Şeriatı bina olarak kabul edersek, akıl bu binanın temeli konumundadır. Akıl göze, şeriat ışığa benzer. Işık olmayınca göz bir şey göremez. Her taraf ışık olsa ama göz olmasa yine bir şey görülmez.

Akıl göz, şeriat ışık ise hem dünyayı hem ahireti aydınlatır. Bunun için Allah Teâlâ, *"Ey Ehl-i kitap! Resûlümüz size kitaptan gizlemekte olduğunuz birçok şeyi açıklamak üzere geldi; birçok (kusurunuzu) da affediyor. Gerçekten size Allah'tan bir nur, apaçık bir kitap geldi. Rızasını arayanı Allah onunla kurtuluş yollarına götürür ve onları iradesiyle karanlıklardan aydınlığa çıkarır, dosdoğru bir yola iletir"* (Mâide 5/15-16), buyurmaktadır. Şu halde akıllar nura Kelâm-ı Kadîm ile ulaşır.

Allah Teâlâ buyuruyor: *"(Resûlüm!) Sen yüzünü hanîf olarak dine, Allah insanları hangi fıtrat üzere yaratmış ise ona çevir. Allah'ın yaratışında değişme yoktur. İşte dosdoğru din budur; fakat insanların çoğu bilmezler"* (Rûm 30/30). Hanîf eğriliğe sapmaksızın doğru yoldan giden demektir. Kur'an'ın hakikatini bilmek için imanın, vahyin ve Kur'an'ın rahmetinin nuraniyetinin olması lazımdır. Aynı zamanda akl-ı selim dediğimiz kâmil aklın da bulunması gerekir. O zaman aklın kendisi nur olur, İslâmiyet'in nuruyla birleşir, nur üstüne nur olur.

DİN AKIL İLİŞKİSİ

Şeriat akıldan koparsa hiçbir şey zuhur etmez. Akıl şeriattan koparsa, ahmakçasına yanlış yollara gider. Yer, içer, beşerî hacetlerini giderir ama şeriatın hakikat ve kemalâtını idrak edemez.

İlâhî hükümleri ancak akl-ı selim kabul eder. Akl-ı selimin diğer akıldan farkı, Kur'an'ın nuruyla nurlanmış, nefsini terbiye etmiş, gazap ve şehvet kuvvetini dinin hükümleri altına almış olmasıdır.

Aklın hidayete ulaşması için emr-i ilâhîye râm olup icra etmesi lazımdır. Şeriat, sahih itikaddır, müstakim

yoldur. Emredilenler yapılacak, nehyedilenler bırakılacak, gaflet ve günah hali terkedilecek. Bunun için, şeriattan uzaklaşan aklından yoksul olur. Akıl yoksulluğu şeriatın hakikatini idrak edemez.

İmam Gazâlî'nin, yukarıda zikrettiğimiz *Hakikat Bilgisine Yükseliş* isimli kitabının sorular-cevaplar kısmında, "Niçin ibadet etmek lazım gelir?" sorusuna şöyle cevap veriliyor: İbadetler nefsi nurlandırır. İbadetlerden uzak kalan insanlar günaha mütemayildir. Namazını düzgün kılanın ahlâkında da güzellik vardır. Çünkü Rabbim Teâlâ bize ferman eder ki: *"(Resûlüm!) Sana vahyedilen kitabı oku ve namazı kıl! Muhakkak ki namaz, hayâsızlıktan ve kötülükten alıkoyar. Allah'ı anmak elbette (ibadetlerin) en büyüğüdür. Allah yaptıklarınızı bilir"* (Ankebût 29/45).

RUHUMUZUN DA GIDAYA İHTİYACI VAR

Yaşamak için yemek, içmek, teneffüs, hava lazım. Bunlardan birini kesersek yaşayamayız. Dünya hayatının saadeti, ahiretin mutluluğu için de ibadet gereklidir. İmam Gazâlî'nin beyanıyla, ibadetlerimiz nefsi nurlandırmak içindir. Hakk'a yakınlık için mahlûkat perdedir. Mahlûkat diyerek çocuğumuza, evimize, işimize bakmayacak mıyız? Elbette bakıp ilgileneceğiz ama onlarla ilgilenirken Allah'ı unutmamak gerekir. Allah'a kulluğunu unutmadıysan, Hâlik'ın verdiği akılla Hâlik'ına yaklaşan kâmil bir kul olursun.

Nefis, mahlûkat için yaratıldı. Mahlûkat nefsin imtihanı içindir. Akılla şeriat bu nefse bir hudut tayin eder. Allah'a uzaklık alameti, mahlûkata dalarak Mevlâ'yı unutmaktır. Mevlâ unutuldukça mahlûkatın cazibesi artar. Şu halde

kul, şeriatla aklını kullanır, şehevî istek ve arzularına boyun eğmemek için ibadet ve taatini asla terkedemez.

BEDENİN SULTANI: KALP

Kalp nedir? İbrahim Hakkı hazretlerinin *İnsan-ı Kâmil* isimli eserinden bazı kısımları aktaralım: "Allah adamın kalbine bakar. Kalbi, Allah'ın gayrısından temizlemek, ibadetin en üstünüdür. Temizlenmezsek, mahlûkat çeker, mevcudat kandırır. O zaman şehvet ve gazap kuvveti zulümkâr olur."

"Kalp, bedenin sultanıdır. Allah'ın eseridir. Kalp, insan ruhunun kaynağı, imanın madeni, Allah'ı bilmenin makamıdır. Allah Teâlâ hazretleri, şeriatla parlayan müminin kalbini Allah'ı bilme ve sevme merkezi yapmıştır. Cenâb-ı Hak kalbi kıbleye çevirmek ister."

Kalpler grup gruptur. Bir grubu Allah'ın rızasını ister, bir grubu da dünyayı. İnsanın kalbi Allah sıfatlarını taşır. Kalpte merhamet, adalet, ihsan duyguları vardır. Müminin kalbi Hakk'ın tecelli merkezi olduğu için, bu kalp, nerede, ne için, kime, ne vereceğini planlamalıdır.

İnsanın kalbi, böbrek gibi, mide gibi, akciğerin teneffüsü gibi dünya işinin içinde olacak da hiç Allah'ı unutmayacak. Onun için Allah, müminin kalbine vaaz ve nasihat eder. Melek, o kalbe münevver olsun diye ilham verir. İmtihan-ı ilâhiyye olduğu için kalbin bir bölümüne şeytan da girer. Mikrofonu eline alır. Ve o kalbe vesvese verir. Melek bir taraftan ilham verirken İblîs de vesvese verir. Kulun işleri Allah'ın emirlerine uygunsa, gönlü Mevlâ'ya yöneldiyse, Allah o kalbe marifet tohumu eker.

Kalbin cilası ilâhî nurdur. Kalbi nura götüren oruç, hac, zekât, namazdır. Kalbin ifsadı ise öfke, şehvet, gaflet, dünya sevgisidir. Kalbin cilası gerçek ilimdir, şeriata bağlılıktır. Zühddür, takvadır, zikirdir. Tarikat-ı Nakşibendiyye'de ve bütün tarikatlarda zikir, kalbi temizlemek ve yönünü Hakk'a çevirmek içindir.

İnsan ruhu, valinin şehirdeki konumuna benzer. Bütün vücuda hâkimdir. Ruh Rabbim'in emridir. Her kılımda eserini görürüm. Gözümün görmesinde, duymamda, adım atmamda ruhun eseri, tesiri vardır.

Akıl, atı ve köpeği bulunan bir avcıya benzer. Şehvet, bu avcının atı; gazap köpeğidir. Eğer avcı maharetli, atı ve köpeği eğitilmiş ise av çok temiz olur. Şayet avcı beceriksiz ise atı ve köpeği eğitilmemişse (yani İslâmî terbiye görmemişse) avlanmak şöyle dursun, felaketlerle karşı karşıya kalır. Avcının beceriksizliği, insanın cehline, ilimsizliğine, basiretsizliğine, İslâm'ın hükümlerine ram olmayışına; atın terbiye edilmemiş yani şehvetin dizginlenmemiş olması haramlı işlere yöneliyor olmasına işarettir.

İRADE ALLAH'IN KUDRETİNİN TECELLİSİDİR

Allah Teâlâ'nın iradesi bütün mevcudatı kuşatmıştır. Aslında irade ile emir farklı olup birçok İslâmî eserde aynı manaya geldiği bildirilmekle, bazı kardeşlerimiz iradeyi emir gibi anlamak suretiyle hataya girmektedirler.

İrade Allah'ın kudretidir. Yaratılmış her şey Allah'ın iradesiyle halkolmuştur. İrade, Allah Teâlâ'nın zatı ile kaimdir. Allah ezelîdir ve ebedîdir. Ezelî olduğu için mâzisi yoktur. Ebedî olduğu için de istikbali yoktur. Allah ezelî ve ebedî olduğu için her an ilâhî bir dirilik içerisindedir.

Allah Teâlâ'nın azametinde mâzi, istikbal, hal gibi durumlar olmadığı için, bizim halimizle Cenâb-ı Hakk'ın kudretini karıştırmamak lazım gelir.

Allah'ın iradesinde, daha önceki sohbetimizde de izah ettiğimiz gibi Firavun, Nemrûd, Ebû Cehil, Ebû Leheb, Ebû Bekir [radıyallahu anh], Hz. Osman [radıyallahu anh] birdir. Peygamberler hepsinin, Kur'ân-ı Kerîm hepsinindir. Tercihleri değişik olmuştur. Allah Teâlâ Hz. Ebû Bekir'in iman etmesini emretmemiştir. Hz. Ebû Bekir'in iman etmesi onun kendi ihtiyarıdır. Ebû Leheb'in de hidayetini istemiş ama kendisi küfrü tercih etmiştir. Şu halde, emir ve irade bazan bir kullanılıyor, bazan iki farklı şey olarak kullanılıyor.

Ehl-i sünnet itikadına göre kazâ ve kader nasıldır, ona bakalım: Ehl-i sünnet itikadına göre, kulun elinde meyil ve kisbden başka bir şey yoktur. İnsanın hatırına bir şey geldi: Su içmek, döndü meyil oldu. İradesine vurdu. İçmeye karar verdi. Niyet oldu. İçti, fiil oldu.

NİYET NASIL TAHAKKUK EDER?

Önce insanın kalbinde, bildiği bilmediği, düşündüğü düşünmediği bir şey hâsıl olur. Buna hâtır denir. Bu hâtırdan yapmaya doğru yürürsen meyil olur. Meyil iradeye vurur. Harekete geçtim, fiil, azim, niyet. Şu halde kazâ ve kaderde meyil ayrı, irade ayrı, kisb ayrıdır. İnsanın şerri kendi fiilinden çıkar. Ama hayır olsun, şer olsun, yaratmak Allah Teâlâ'nın kudreti iledir. Resûlullah Efendimiz [sallallahu aleyhi vesellem], *"Muhakkak Allah her sanatçıyı ve sanatını dahi yapandır"* buyurmuştur. Bu, sanatçının sanatını yapması dahi Allah Teâlâ'nın yaratması ile olduğunu gösterir. Şu halde Allah, sebepleri de sebeplerden meydana gelenleri de yaratır.

İlaçlar şifaya vesile olur. Ama Cenâb-ı Hak Şâfî ismiyle şifa vermeyi murad ederse, ilaç şifaya götürür. Allah Şâfî ismini kullanmaz, bir ilacın tesirini ortadan kaldırırsa, insan, bütün eczahanelerin ilaçlarını yutsa şifa bulamaz.

Kezâ doktora da şifaya sebep olacak teşhisi Allah verdirir. O zaman ben doktora gitmeyeyim mi? İlaç kullanmayayım mı? Hayır, sen sebeplere teşebbüsle mükellefsin. İyilik için hayır yapmalı, tedavi için ilaç kullanmalı, hastalık için doktora gitmelisin. Ama sonucu Allah yaratır. Bu yarattığında Allah'a sual sorulamaz. "Niçin böyle yaptın?" denilemez.

Allah Teâlâ buyurdu: *"(Önce) en yakın akrabanı uyar"* (Şuarâ 26/214). Bu hitap Peygamberimiz'e idi. Fahr-i Âlem Efendimiz, Hz. Ali'yi [radıyallahu anh] çağırdı. Ona, *"Yâ Ali, yüce Allah en yakın hısımlarımı hidayete davet etmemi buyurdu. Onları uyarmamı buyurdu. Bana çok ağır bir vazife geldi. İyi biliyorum ki ben ne zaman kavmime bu işi açmaya kalksam muhakkak hoşuma gitmeyen bir şeyle karşı karşıya geliyorum"* dedi. Hz. Ali [radıyallâhu anh] bir müddet sustu. Cebrâil [aleyhisselâm] geldi. "Yâ Muhammed, eğer sen yüce Rabb'inin sana emrettiği şeyi yapmayacak olursan Rabb'in sana azap edecektir" dedi. Peygamber Efendimiz [sallallahu aleyhi vesellem] buyurdu: *"Yâ Ali, bize dört avuç dolduracak kadar yemek yap. Üzerine koyun budundan et koy. Bir kap da süt hazırla. Sonra Abdülmuttaliboğulları'nı benim için topla. Onlarla bir konuşayım. Emrolunduğum risaleti ulaştırayım."*

Hz. Ali [radıyallahu anh] anlatıyor: "Resûlullah'ın bana emrettiği şeyi yaptım. Abdülmuttaliboğulları toplandılar. Kırk kişi veya kırk kişiden bir noksan idiler. Resûlullah [aleyhisselâm], yaptığım yemeği getirmemi

söyledi. Eti parçalayarak çanağın üstüne koydum. 'bismillâhirrahmânirrahîm' dedik. Hepsi ondan yediler ve doydular. Allah'a yemin ederim ki onların tümüne sunduğum yemeği, onlardan teki bile yalnız başına yiyebilirdi. Süt kabını da getirdim. Kana kana içtiler. O süt, onlardan birinin içeceği kadardı. Yemeğin ve sütün kalanı, hiç yenilip içilmemiş gibi duruyordu."

Resûlullah [sallallahu aleyhi vesellem] söze başladı ama Ebû Leheb, "Şaşılacak şey! Arkadaşınız sizi büyük bir sihirle sihirledi. Doğrusu biz bugünkü gibi bir sihir hiç görmedik" dedi. Sonra Resûlullah'a hitaben, "Bunlar senin amcalarının oğulları. Sen onlara istediğini söyledin. Dinden sapkınlığı bırak. İyi bil ki senin için kavmin bütün Arap topluluğuna karşı koymayı göze alacak değildir. Ey kardeşimin oğlu! Senin getirdiğin gibi şer ve kötülük getiren bir adam görmedim" diyerek Resûlullah'ın konuşmasına imkân vermedi. Dağıldılar.

Ebû Leheb'in sözleri Resûlullah'ın [sallallahu aleyhi vesellem] pek ağırına gitti. Ertesi gün Hz. Ali'yi [radıyallahu anh] çağırdı. Ona, *"Yâ Ali, şu adam, işittiğin sözlerle tez davranıp önüme geçti. Ben kavmimle konuşamadım. Dağılıverdiler. Sen, dün akşam yapmış olduğun kadar yemek pişir. Süt de hazırla"* dedi. Hz. Ali [radıyallahu anh] yemeği hazırladı. Aynı kimseleri çağırdılar. Doyuncaya kadar yiyip süt de içtiler. Bundan sonra Resûlullah [sallallahu aleyhi vesellem] konuşmaya başladı: *"Allah'a hamdeder, yardımını Allah'tan dilerim. O'na inanır, O'na dayanırım. O haktır, eşi, ortağı yoktur."*

Amcası Ebû Tâlib şöyle dedi: "Bizim katımızda sana yardım etmek kadar şerefli bir şey yoktur. Öğütlerini benimseyip kabullendik. Sözlerini tamamıyla tasdik

ettik. Bu toplananlar, senin atanın oğulları. Ben de onlardan biriyim. Andolsun ki etrafını kuşatıp seni korumaktan bir an bile geri durmayacağım. Ancak nefsimi Abdülmuttalib'in dininden ayırmak hususunda beni boyun eğer bulmadın. Artık ben, onun, üzerinde öldüğü dinde öleceğim." İşte ikinci amca Ebû Tâlib, ömrü boyu Fahr-i Kâinat'ı korudu ama son sözlerinden dönmedi ve öyle de vefat etti.

Ebû Leheb'den başka her biri yumuşak sözler söyledi. Ebû Leheb ise küfründe direndi. Peygamberimiz'in halası Safiyye bint Abdülmuttalib ise Ebû Leheb'e, "Ey kardeşim, kardeşinin oğlunun dinini yardımsız bırakmak sana yakışmaz. Vallahi âlimler öteden beri Abdülmuttaliboğulları'ndan bir peygamber çıkacağını haber verdiler. İşte o peygamber, Muhammed'dir" dedi. Ebû Leheb'in cevabı şu oldu: "Andolsun bu senin boşuna umudundur!"

Kâfirlerin, küfürleri ile hakikate karşı çıkmaları ne kadar kötü ise bizim de gerek ferdî hayatımızda ve ubûdiyyette nice haramlı işler yapıyor olmamız da kötüdür. Bu kadar günahlara girmemiz kendi irademizledir. "Bu benim kaderim" diyemeyiz.

Evlilik hayatında eşlerin birbirlerinden pek çok şikâyeti var. Bu şikâyetler bize de geliyor. Ben, o ailelerin iç durumlarını bilmediğim için kesin bir şey söyleyemem. Halbuki şeriat-ı Muhammediyye evlenecek kimselere bir hukuk-ı ilâhiyye çizmiştir. Öncelikle nikâh yapılırken zorlama olmamalıdır. Yani kız istemezse zorla verilmemelidir. Şeriat-ı Muhammediyye'de küfüv yani denklik hukuku vardır. Yani evlenecek erkekle kızın denk olması icap eder. Kültür seviyesinde, zenginlikte, dindarlıkta denklik gerekir. Kader-i ilâhiyye çiftlerin denk olduğu bir yuva kurulmasını ister.

Evlenmeden önce her iki taraf da gözlerini dört açmalı, evlendikten sonra da iki tanesini yummalı. Aksine evlendikten sonra gözünüzü sekiz tane açıyorsunuz. O da işleri daha fazla zorlaştırıyor.

Kureyşli müşriklerden Ebû Süfyân, Ebû Cehil ve Ahnes b. Şerîk birbirlerinden habersiz, Fahr-i Kâinat'ı evinde namaz kılarken okuduğu Kur'ân-ı Kerîm'i dinlemek için gizlice sokuldular. Hiçbiri diğerinin orada olduğunu bilmiyordu. Hz. Peygamber'in [sallallahu aleyhi vesellem] okuduklarını dinleyerek geceyi geçirdiler. Tan yeri ağarırken yerlerinden ayrıldılar. Yolda karşılaştılar. Birbirlerine, orada ne aradıklarını sordular ve birbirlerini suçladılar. Bir daha oraya gitmeyeceklerine birbirlerine söz vermelerine rağmen, Resûlullah'ın [aleyhisselâm] okuduğu Kur'ân-ı Mûcizü'l-Beyan'ın nuraniyeti galebe çaldı ve yine Resûl-i Ekrem'i dinlemeye gittiler. Dönüşte yine karşılaştılar.

Yine bir daha gitmeyeceklerine söz verdiler ama üçüncü gece de Peygamberimiz'in okuduğunu dinlediler. Tan yeri ağarınca dağıldılar ve yolda karşılaştılar. Üçüncü defa, bir daha oraya gitmeyeceklerine dair birbirlerine söz verdiler.

Sabahleyin Ahnes b. Şerîk, Ebû Süfyân'ın evine gitti. Ve ona sordu:

- Yâ Ebû Süfyân, üç gündür Muhammed'den dinlemiş olduğun şey hakkında görüşünü bana bildir.

- Vallahi ben ondan, manasını bildiğim bilmediğim, anlatmak istediğini anladığım anlatamadığım şeyler işittim.

Ebû Süfyân'ın evinden ayrılıp Ebû Cehil'in evine gitti. Ona da aynı suali sordu. Ebû Cehil, her zaman ifade ettiği gibi Hâşimoğulları'ndan bir peygamber gelmiş olmasını

kabullenemediği için, hiçbir zaman ona inanmayacağını ve tasdik etmeyeceğini söyledi. Bunun üzerine Ahnes ayağa kalktı. Ebû Cehil'i kendi haline bıraktı.

Bunları neden anlatıyoruz? Bunlar küfrü kendi arzularıyla mı seçiyorlar yoksa Allah Teâlâ bunlara (hâşâ) haksızlık ederek küfrü mü seçtiriyor!

Yüce Allah, Kureyş müşriklerini korkutmak için, indirdiği âyet-i celilelerde zakkum ağacını zikretti. Kureyş müşrikleri, "Biz bu ağacı bilmiyoruz" dediler. Afrika'dan gelen bir adama sordular. O adam, "Zakkum bizim dilimizde kaymak ve hurmadır" dedi. Bunun üzerine Abdullah b. Ziba'râ, "Allah evlerimizde zakkumu çoğaltsın!" dedi.

Ebû Cehil, "Ey Kureyş cemaati! Muhammed bizi korkutuyor. Şu zakkum ağacı nedir bilir misiniz? Tereyağı kaymakla hurmadır. Vallahi onu elimize geçirirsek lokma lokma yeriz. Ey Kureyş cemaati, ben sizi zakkum yemeğine davet ediyorum" dedi. Sonra bir kadın kölesini çağırdı. Ona, "Bana hurma ile tereyağı kaymak getir. Biraz zakkum yiyelim" diyerek alaya başladı. Başkaları da buna katıldı. Şeriatın hakikatini tahrif ve tahfife giriştiler. O hale geldi ki akıl ve mantıklarına vuruyorlar, "Yahu bu zakkum nasıl ağaçtır? Cehennemin ateşi dünya ateşinden yetmiş derece fazla olduğu halde o ağacı yakmaz! İşte Muhammed yalancı değil de nedir?" diye tahkir ediyorlardı.

Bu sözler ne kadar manasız, ne kadar İslâmiyet'i küçültücü ise o kadar onların küfürlerinin artmasına, azaplarının çoğalmasına sebep oluyordu. Bu durumda ne diyeceğiz? "Allah bunları böyle yaptı" mı diyeceğiz? Yoksa, "Çirkin fiilleri Allah'ın emriyle yaptılar. Bunların

kaderi böyleymiş!" mi diyeceğiz? Elbette hayır. Kendi arzuları ve tercihleri ile bu yolu seçmişlerdir. Kader, Allah Teâlâ'nın kudretiyle yarattığı bir hukuktur. Kazâ ise O'nun ilminin, irade ve kudretinin mahsulüdür. Cenâb-ı Hak hiçbir zaman kullarına zulmetmez. Hem bize peygamberler, kitaplar, âlimler göndersin hem de zorlu bir azaba itsin. Mümkün değildir.

Fîl sûresi, namazda en çok kıraat ettiğimiz sûrelerden biridir. Bu sûrede Ebrehe'nin Kâbe'yi yıkmaya gelmesi olayı vardır. Ebrehe, 60.000 asker ve on üç tane büyük fille, Yemen'den Kâbe'yi yıkmak için yola çıktı. Fillerin içinde bir tanesi vardı ki adı Mahmud olup akıllara durgunluk verecek derecede iri, dağ gibi sabit durabilen bir hayvandı.

Ebrehe, ordusuyla Mekke'ye yaklaştı ve Mekkeliler'e ait deve sürülerini zaptetti. Bu arada Abdülmuttalib b. Hâşim'e ait 200 deveye el koydu. Bunu duyan Abdülmuttalib hazretleri, yanına birkaç muhterem zat olarak Ebrehe'nin huzuruna vardı. Ebrehe onu huzuruna kabul etti. Abdülmuttalib hazretleri çok nurlu, boylu boslu, çok yakışıklı bir zattı. Ebrehe onu görünce tahtının yanına aldı. Ona tazim için ayağa kalktı. Ne isterse vereceğini söyledi. Ona, "Benim seninle bir işim yok. Benim işim Kâbe'yle. Onun için geliyorum. Sen ne istiyorsan çekinmeden söyle" dedi. Abdülmuttalib, "Dileğim sürdüğün 200 devemi bana vermendir" cevabını verdi. Ebrehe şöyle dedi:

- Seni gördüğüm zaman çok hoşuma gittin. Sana tazim etmeyi vicdanî bir vazife bildim. Ama söylediklerinden sonra gözümden düştün. Çünkü sen, yıkmak için geldiğim Kâbe'yi müdafaa etmek, dininin gereği olan Beytullah'ı korumak yerine, ne garip bir zatsın ki 200 deve için huzuruma çıktın!

- Ben yalnız develerin sahibiyim. Beytullah'ın sahibi Allah Teâlâ hazretleridir. Onu korumak O'na aittir. Kendi mülkünü korumaya gücü yeter.

- O beyti yıkmaktan beni menedemezsin!

- Vallahi orası beni ilgilendirmez. İşte sen, işte Allah!

Ebrehe, sürdürmüş olduğu 200 deveyi Abdülmuttalib'e geri verdi. Ama Abdülmuttalib'in, "Yıkmak istediğini söylediğin bu beyt benim mülküm değil, Rabbim'in mülkü. Elbet O, mülkünü korur" demesi Ebrehe'yi korkuttu. Develerini alan Abdülmuttalib hazretleri, onları kurban edeceğini söyledi.

Ebrehe'nin ordusu Mekke-i Mükerreme'ye iyice yaklaştı. O gece yıldızlar, Ebrehe'nin askerlerine bir şeyler söylüyor gibiydi. Bazıları azaba uğrayacaklarını sezdiler. Onları getiren kılavuz Nüfeyl de onlardan ayrılıp geceyi Harem'de geçirdi.

Ebrehe'nin askerleri, sabahleyin Mekke'de bulunmak üzere seher vakti kalktılar. Mahmud diye anılan fili de hazırlayıp yönünü Mekke'ye doğru çevirdiler. Ebrehe'nin kararı Beytullah'ı yıkıp Yemen'e dönmekti. Kılavuz Nüfeyl, Mahmut'un yanına yaklaştı, onun kulağına, "Geldiğin yere selâmetle dönmek istersen çök, kendini yere at yâ Mahmud! Çünkü sen Allah'ın Harem bölgesindesin. Allah Teâlâ senin yaptığını görüyor" dedi. Fil kendini yere attı.

Nüfeyl de koşarak dağa doğru gitti. Ayağa kaldırmak için file vurdular. Fil kalkmadı. Başına balta ile vurdular. Karnını, ucu sivri sopalarla dürttüler, kanattılar. Sabah olmak üzere idi. File, "Vallahi seni Mekke'ye götürmeyeceğiz. Yemen'e götüreceğiz" diye yemin ettiler. Fil

ayağa kalktı. Yönünü Yemen tarafına çevirdikleri zaman gidiyor, Mekke'ye çevirdiklerinde çöküyordu.

Bu sırada deniz tarafından kırlangıca benzeyen kuşlar geldi. Her kuş, biri gagasında, ikisi ayaklarında olmak üzere nohut tanesi büyüklüğünde üçer taş taşıyordu. Ebrehe'nin askerleri kaçışmaya başladılar. Kılavuz ortada olmadığı için Yemen'in yolunu da bilemediler. Kuşlar taşları bırakmaya başladı. Hepsi askerlere değmemişti ama taş değip de ölmeyen asker yoktu. Herkes can havliyle kaçışıyordu. Ebrehe'nin bedenine de bir taş değmişti. Elleri, vücudu parça parça döküldü. Öylece saraya kadar götürdüler. Vücudu bir kuş kadar kaldı. Söylendiğine göre kalbi parçalanıncaya kadar ölmedi.

Mahmud adlı fil, Harem'e doğru yürümemekte direndiği için Allah onu korudu. Diğer filler ise taşlarla helâk oldular.

SELİM AKIL SAHİPLERİNDEN ÖRNEKLER

Akıl, insanın sermayesi, hasseten ehl-i imanın cennetinin anahtarıdır. Akıl, herkeste farklıdır. İmanın mertebesi, Allah katında derecesi kadardır. İnsanın, aklıyla çözemeyeceği nice ilâhî sırlar ve hikmetler de vardır. Bunlardan biriyle sohbetimize başlayalım:

Sünbül Sinan hazretleri ile Osmanlı Şeyhülislâmı İbn Kemal hazretleri arasında geçen bir olay. Her ikisi arasında münakaşanın yoğunlaştığı bir vakitte, İbn Kemal, sert bir konuşma ile, "Yâ şeyh, sen bu meselelerde ileri gidiyorsun. Korkarım ki senin cenaze namazını bir papaz kıldırır" demiş, Sünbül Sinan hazretleri de, "Âmin" diye karşılık vermiştir.

Sünbül Sinan hazretlerinin, ölümü ile ilgili vasiyeti şöyle imiş: "Bugün benim son günüm. Rabbim Teâlâ'nın

huzuruna inşallah iman-ı kâmil ile giderim. Kimse benim cenazemde âh ü figan etmesin. Cenaze namazım Fatih Camii'nde kılınsın."

Aynı gün, Osmanlı sarayından bir hanım da vefat etmiş. Osmanlı hukukuna göre, saraydan vefat eden kimselerin cenaze namazlarını şeyhülislâmın kıldırması gerekirmiş. Kader-i ilâhî, o gün Şeyhülislâm İbn Kemal hazretleri, saraylı hanımın cenaze namazını kıldırmak üzere Fatih Camii'ne gitmiş, İslâm hukukunda cenaze namazları önce erkek mevtadan başlanarak kılınır. Bu sebepten İbn Kemal hazretleri önce Sünbül Sinan hazretlerinin, sonra saraylı hanımın cenazesini kıldırmış. Bilahare, o erkek cenazenin kim olduğunu sormuş. Sünbül Sinan hazretleri olduğunu söylemişler. "Korkarım ki senin cenaze namazını bir papaza kıldırırım" sözü o anda kafasında şimşek gibi çakmış. Yaptığı hatayı anlamış. Cenazenin üzerine kapanarak herkesin duyacağı şekilde özür dilemiş ve şöyle demiş: "Affet beni yâ ârifibillah! Ben bir gün gafletten böyle dedim. Sanki papaz mıyım da senin cenaze namazında hazır oldum." Akılla bu meseleyi idrak etmek çok zor. Niçin Sünbül Sinan hazretleri "Âmin" dedi? Karşısına Şeyhülislâm İbn Kemal hazretlerinin çıkacağını bilebilir miydi?

Sünbül Sinan hazretleri vasiyetiyle, hem kızının verilmesi için hem de tarikatına vâris olarak Merkez Efendi'yi gösterdi. Merkez Efendi, hem Sünbül Sinan hazretlerine damat hem de Sünbüliyye tarikatına şeyh oldu. Onun da başından bir şeyhülislâm olayı geçti. Şöyle ki: Şeyhülislâm İbn Kemal, ilmine çok güvenen bir zat olduğundan Merkez Efendi hazretleri de şeyhi gibi ona, nazikane bir ikazda bulunmak istedi. Bir gün, bir müridini ça-

ğırdı. Ona şöyle dedi: "Oğlum, Şeyhülislâm İbn Kemal'e git. Ona 'Allah'ın ilmi ne kadardır?' diye sor. Sana bir cevap verecek.' Sonra, 'Peygamberlerin, velilerin, âlimlerin ilmi Allah'ın yanında ne kadardır?' diye sor."

Mürid gitti. Şeyhülislâma sordu:

- Efendi hazretleri, Allah Teâlâ'nın ilmi ne kadardır?

Bu ne biçim sualdir? Her şeye bir sınır çizmek mümkündür ama Allah Teâlâ'nın ilmine bir sınır çizmek mümkün değildir.

Şeyhülislâm eline boş bir kâğıtla bir kalem aldı. Kâğıdın üstüne bir nokta koydu ve şöyle dedi:

- Bu boş kâğıt Allah Teâlâ'nın ilmine misal olsa, yeryüzüne gelmiş ne kadar peygamber, ulema, evliya varsa hepsinin ilmini bir araya getirsek, onların ilmi de bu nokta gibidir.

- Sizin ilminiz bu nokta içinde ne kadardır?

Şeyhülislâm müridi tuttu ve sordu:

- Vallahi bu sual senin değil. Sana kim akıl verdi?

- Merkez Efendi hazretleri.

- Anladım anladım. Ben ilmimle çok mağrur oldum. Bundan dolayı da bana, bu manevi nezaket dersini verdi.

AKLIN ŞERİATA UYMASI

Bu asırdaki ümmet-i Muhammed'in perişanlığı, akıllarını şeriata uydurmamaktan kaynaklanıyor. Bu yüzden iman zafiyetine ve ahlâk bozukluğuna düşülüyor.

Akıl, ibadet ve taatiyle cesedi münevver ederse, Allah'a kurbiyet makamından gözünü ayırmazsa, şehvetin ve rezailin kötü sıfatlarından uzak durursa,

akl-ı kâmildir. Şeriatın yolundan en ufak sapma insanı Allah'tan uzaklaştırır ki insanın derecesini düşürür.

Allah Resûlü, sözde ve harekette, risaletiyle bizim yolumuzun hakikatidir. İnsan, hareketleriyle Resûlullah'a [sallallahu aleyhi vesellem] uyduğu kadar kalbi nurlanır, onun şefaatine mazhar olur. Kalbin tasfiyesi, onun ahlâkıyla ahlâklanmakla mümkündür. Kalbin nurlanması zikir ve ibadete devamla mümkündür. Her kim vicdan ve irfan yoluyla bunu kavrayacak durumda ise, bu kimse Allah'ın şeriatını tasdik etmiş, Resûlullah'ın risaletini tasdik etmiş demektir.

Nasıl yaşarsan öyle ölürsün. Nasıl ölürsen öyle haşrolursun. Nasıl haşrolursan öylece muameleye girersin. Allah'a yakınlığın alameti, Resûlullah'ın [sallallahu aleyhi vesellem] sahabesinde var.

Hz. Ömer [radıyallahu anh] Kudüs'e giderken yolda Cabiri'ye uğradı. Kudüs fethedilmişti. Esmer bir deveye binen Hz. Ömer'in [radıyallahu anh] başının derisi güneşten parlıyordu. Başında sarık yoktu. Kaba yünden yapılmış bir minderi vardı. Giderken devenin üstünde, konakladığı zaman yatak olarak kullanırdı. Hurma ağacı kabuğundan heybesini de konakladığı zaman yastık yapardı. Üstünde çizgili, yanları yırtık, kaba yünden dokunmuş bir gömlek vardı.

Cabiri'ye varınca bir temsilci çağırttı. Ondan emanet olarak bir gömlek istedi. Üstündeki gömleğini yıkayıp yırtıklarını yamamalarını söyledi. Kendi gömleği gelince, emanet gömleği çıkarıp kendisininkini giydi. Temsilci ona şöyle dedi:

- Araplar'ın hükümdarısın. Bu makamda deveye binmek yakışmaz. Sen Bizans'ın, Roma'nın kumandanların

bulunduğu yere giriyorsun. Düzgün bir fistan giy ve ata bin. Onların gözünde değerin büyür.

- Biz öyle kimseleriz ki Allah [celle celâluhû] bizi İslâm dini vasıtasıyla şereflendirdi.

Eğerli, palanlı bir at getirdiler. Resûlullah [sallallahu aleyhi vesellem] ata binmedi diye o da binmedi.

FETİH NEDEN GECİKTİ

Hz. Ömer [radıyallahu anh] zamanında Mısır'ın fethi gecikti. Amr b. Âs kumandan. Hz. Ömer ona mektup yazdı: "Ey Amr, Mısır ülkesini bugüne kadar alamayışına şaşıyorum. Yıllardır orada savaşıyorsun. Kanaatimce bunun sebebi, sizin de düşmanlarınız gibi dünyayı sevmeye başlamış olmanızdır. Şunu bil ki Cenâb-ı Allah hiçbir millete doğru niyete sahip olmalarından başka bir şeyle yardım etmez. Sana yardımcı olarak dört kişi gönderiyorum. Her biri 4000 kişiye bedeldir. Onları orduya tanıt. Düşmanlarla Allah için savaşmakta niyetlerini düzeltsinler. Sabır ve metanet göstermelerini teşvik et. Onlara emret, bütün ordu tek bir kişi gibi harekete geçsin.

Cuma günü zevalden sonra taarruz emrini ver. Bu saatte Allah tarafından rahmet iner. Bu saat, duaların makbul olduğu saattir. Herkes düşmana karşı Allah'tan yardım dilesin."

Amr b. Âs [radıyallahu anh] mektubu okudu, orduyu topladı, dört kişiyi onlara tanıttı. Abdest alıp iki rekât namaz kıldılar. Allah'tan yardım dilediler. Hep birlikte hücuma geçtiler. O taarruzda Mısır düştü. O dört kişi: Zübeyr b. Avvâm, Mikdâd b. Esved, Ubeyde b. Sâmit ve Mesleme b. Mualleb [radıyallahu anhüm] idiler.

İSFAHAN'IN FETHİ HAKKINDA

Nu'mân b. Mukarrin [radıyallahu anh] İran'ı geçmek istiyordu. Arada bir nehir vardı Mugîre b. Şu'be'yi İran hükümdarına elçi olarak gönderdi. Hükümdar, tacını ve hükümdarlık kıyafetlerini giyip tahtına oturdu. Askerleri de ipekli elbiseler giydiler. Altın küpe ve bilezikler takarak iki sıra halinde hükümdarın arkasına dizildiler.

Elçi olarak gönderilen Mugîre b. Şu'be geldi. Mızrak ve kalkanı elinde idi. Onlara gözdağı vermek için, mızrağını halıya batırıp hükümdarın yanına yürüdü. Hükümdar:

-Biliyorsun, siz Araplar aç ve perişan bir millettiniz. İsterseniz size yardım olarak bir miktar yiyecek, giyecek verelim. Mugîre [radıyallahu anh], Allah'a hamd, Resûlullah'a salâtü selâm getirdikten sonra şöyle karşılık verdi:

-Evet, biz Araplar Câhiliye'de pis ve murdar şeyleri yerdik. Herkes bizi küçümserdi. Cenâb-ı Allah içimizden bir peygamber gönderdi. Bu peygamber, ailece en şereflimiz, söz bakımından en doğrumuz. O bize, sizin topraklarınızın fethedileceğini müjdeledi. Onun bize vaat ettiği her şey doğru çıktığı gibi bu toprakları da Allah'ın izniyle alacağız. Sizi büyük bir debdebe içinde görüyorum. Bu debdebenize son vereceğiz.

Daha sonra İran üzerine gidecek İslâm ordusunun kumandanı Sa'd b. Ebû Vakkas [radıyallahu anh] oldu. Rebî b. Âmir [radıyallahu anh] elçi olarak hazırlandı. O zaman İran'da hükümdar değişmiş, meşhur Rüstem tahta geçmişti. Rebî b. Âmir, Rüstem'in karargâhına gitmek için yola çıktı. Köprü başındaki karakola vardığı zaman muhafızlar onu durdurdu. Rüstem'e haber gönderdiler. Rüstem, büyük bir merasim hazırlığı yaptırttı. Yerlere ha-

lılar serildi, minderler yayıldı. Rüstem altın tahtı üzerine oturup Rebî'in gelmesini emretti.

Hz. Rebî [radıyallahu anh], ufak boylu, uzun tüylü bir ata binmişti. Yanında cilalanmış kılıcı vardı. Kılıcının kını ise yırtık bir bez parçasıydı. Mızrağının kabzası devenin boyun kemiğinden yapılmış olup ham deri ile bağlanmıştı. Kalkanı sığır derisindendi. Yayı ve okluğu da yanında idi. Bu teçhizatla Rüstem'in huzuruna çıktı. Atından inmesini söylediler. Halılara varıncaya kadar inmedi. Mızrağı ile iki yastığı deldi, ipini geçirip atını bağladı. Zırhı, bulanık su renginde idi. Ortasını delip başından geçirmiş olduğu kaftanı ise deve dellemesiydi. Hurma liflerinden örülmüş bir sicimle bağlıydı. Kuşağını başına sarık olarak sarmıştı. Araplar'ın en gür saçlısı idi. Silahlarını bırakmasını söylediler. "Ya istediğim gibi girerim ya da geri giderim" dedi. İzin verdiler. Mızrağını halılara dayaya dayaya ilerledi. Rüstem'e yaklaştığı zaman muhafızlar onu durdurdu. O da mızrağını kadife bir yastığa saplayıp oturdu. Rüstem, "Buralara niye geldin?" diye sordu. "Biz gelmedik, Allah gönderdi. Allah bizi, putlara tapanları kendine kulluk etmeye çevirmek, dünyanın darlığından çıkarmak için size gönderdi" cevabını verdi. Rüstem'in maiyetindekiler, Rebî'in kıyafeti ve silahları ile alay ediyordu. Rüstem onlara, Araplar'ın giyime önem vermediklerini hatırlattı.

Rebî [radıyallahu anh], "İsterseniz silahlarımızı deneyelim" dedi. Kılıcını yırtık bezden çıkardı. Ateş gibi parlıyordu. Kınına koymasını söylediler. Onlardan birinin kalkanına ok attı. Ok kalkana battı. Onların attığı ok Rebî'in kalkanına batmadı. Onlara, "Ey İran halkı! Siz sadece yiyecek, içecek ve giyeceğe bakıyorsunuz. Biz ise bunlardan çok

imanımıza, İslâmımıza ve Allah Resûlü'ne sadakate bakıyoruz. Hazırlanın. Sizinle beraber harbe hazırız" deyip döndü.

İranlılar tekrar elçi istediler. Huzeyfe b. Mihsan gönderildi. O da aynı korkusuz tavırlarla Rüstem'in yanına vardı. Rüstem ona sordu:

- Niçin sen geldin? Dünkü adam niye gelmedi?

- Bizim aramızda eşit muamele vardır. Her gün herkes bir işe memur olur. Onun sırası geçmiştir.

- Sizin davanız nedir?

- Size üç seçenek sunuyoruz: 1. İslâm olursunuz, kardeş oluruz. 2. Vergi verirsiniz. 3. Harbederiz. Rüstem mehil istedi. Huzeyfe b. Mihsan üç gün mehil verdi. Dönüp gitti.

Rüstem, Sa'd b. Ebû Vakkas'a [radıyallahu anh] haber gönderdi. Bir elçi daha istedi. Mugîre hazretleri seçildi. O da diğerleri gibi gitti. Rüstem'in tahtına kadar varıp yanına oturdu. Çekip indirdiler. Mugîre şöyle konuştu: "Sizin akıllı bir millet olduğunuzu söylüyorlardı. Halbuki değilmişsiniz. Biz Araplar birbirimize kulluk yapmıyoruz. Aramızda sınıf yok. Ben tahta mahsus çıkıp oturdum, sizden noksan bir kul olmadığımı göstermek için öyle yaptım. Sanki bu tanrı mı ki yanına oturtmadınız! O zaman ben size gelmezdim. Bizim tanrılarla ne işimiz var! Sizin mülkünüz devam etmeyecek. Çünkü böyle adaletsiz hükümdarın, sınıf sınıf insanların saltanatı sürmez." Bu sözleri duyan Acem halkı şöyle dedi: "Arap doğru söylüyor. Araplar'ın adaleti bize de girmeli."

İran hükümdarı, Çin hükümdarından yardım istemek üzere elçisini Çin'e gönderdi. İran elçisi, İslâm elçileriyle

aralarında geçenleri anlattı. Çin hükümdarı ona müslümanlarla ilgili çeşitli sorular sordu. Sonra İran hükümdarına şu mektubu yazdı: "Size, başı Çin'de sonu İran'da olan bir ordu ile yardım edersem, ancak bu şekilde muvaffak olabilirsiniz. Elçinizin bana tarif ettiği millet, dağları yerinden sökmek isterse sökebilir. Arada İran olmasa, vasıfları böyle olan bir millet Çin'i de ele geçirebilir. Beni dinlerseniz onlarla barış yapın. Boyundurukları altına girin. Vesselâm."

Kişi ne yaparsa layığını bulur. Allah [celle celâluhû] kullarına asla zulmetmez. Peygamberimiz'in döneminden misaller verelim: Önceki sohbetimizde Resûlullah'ın amcası Ebû Leheb'in Hz. Peygamber'e düşmağını ve ömrünün sonuna kadar büyük bir inatla küfrünün arkasında durduğunu anlatmıştık. Diğer amcası Ebû Süfyân sonunda müslüman olmuştu ama Ebû Leheb kâfir olarak ölmüştü. Öyle bir hastalıktan ölmüştü ki oğulları bile yanına yaklaşıp cenazesini gömememişler, olduğu yere taş atarak taşların altına hapsetmişlerdi.

Unutulmayacak bir olay da var ki: Peygamber Efendimiz [sallallahu aleyhi vesellem] dünyayı teşrif ettiği zaman, annesi Âmine Hatun kendisini bir hafta kadar emzirdi. Sonra bir sütanne gerekti. İşte o zaman, amcası Ebû Leheb, kölesi Süheybe Hatun'u âzat ederek Resûl-i Ekrem'in sütannesi olmasına izin verdi. Çünkü Süheybe Hatun o sırada Mesruc isimli oğlunu emzirmekte idi. Halime annemize kadar Resûlullah Efendimiz'i [sallallahu aleyhi vesellem] Süheybe Hatun emzirdi.

Ebû Leheb öldükten sonra rüyada görüldü. "Halin nasıldır?" diye soruldu.

"Ne olmamı istersiniz? Ulu bir peygamberin amcası oldum. Bana düşen, ona iman etmekti. Oysa ben onun

en büyük düşmanı olarak dalâlette kaldım, cehennem ehlinden oldum. Ancak bende iki hal var ki, bu haller diğer cehennem ehlinde yoktur. Birincisi şudur: Pazartesi gecesinden salı gecesine kadar benden azap hafifler. İkincisi, pazartesi gecesinde ve gündüzünde şahadet parmağımla orta parmağımı ağzıma sokup emerim. İkisinin arasından soğuk bir su akar. Onunla ferahlanırım" cevabını verdi. "Bunun hikmeti nedir?" diye sorulduğunda şu cevabı verdi: "Muhammed pazartesi gecesi doğdu. Câriyem Süheybe bunu bana müjdeleyince, sevinip onu âzat ettim. Ve onu Muhammed'e sütannesi olarak gönderdim. Bu sebeple, o gece ve ertesi gün benim azabım hafifletiliyor."

EBÛ LEHEB'İN İKİ ELİ KURUSUN

Peygamber Efendimiz'in [sallallahu aleyhi vesellem] kızları Ümmü Külsûm ile Rukıyye, Ebû Leheb'in oğulları Uteybe ve Utbe ile nişanlanmışlardı. Tebbet sûresi nâzil olup Allah Teâlâ o sûrede Ebû Leheb'i ve karısını kötüleyince, Ebû Leheb oğullarına nişandan vazgeçmelerini emretti. Uteybe, Resûl-i Kibriya'nın huzuruna geldi.

"Ben senin dinini tanımıyorum. Kızından ayrılıyorum" diyerek çirkin sözler konuştu ve Peygamber Efendimiz'in üzerine yürüdü. Bu durum Fahr-i Kâinat'ın çok ağırına gitti. "Allah, köpeklerinden bir köpeğini onun üzerine salsın" dedi.

Uteybe ticaret için Şam'a giderdi. Resûlullah'ın [sallallahu aleyhi vesellem] sözleri Uteybe'yi ve Ebû Leheb'i korkuttuğu için, Şam'a giden kafiledeki Uteybe'yi kafilenin ortasında muhafazaya başladılar. O gece bir aslan kafileye yaklaştı. Uzaktan baktı. Keşfe çıkan bir subay gibi

Uteybe'nin yerini tesbit etti. Gece yarısı olunca, herkesin ortalarına alarak uyudukları anda, Uteybe'nin yanına vardı. Başını ısırıp İşini bitirdi ve gitti. Uteybe can çekişirken, "Ben size Muhammed insanların en doğru sözlüsüdür, demedim mi?" diye inledi. Ebû Leheb de olayı duyunca aynı şekilde feryat etti. "Madem Muhammed [sallallahu aleyhi vesellem] doğru sözlü de niçin iman hakkındaki sözlerine inanmazsınız?"

Hz. PEYGAMBER TÂİF'TE

Resûlullah Efendimiz [sallallahu aleyhi vesellem] Mekke'de çok sıkıntı çektikten sonra Tâif'e gitti. Tâif Mekke'ye 80-90 kilometre uzaklıkta. Tâifliler de Resûl-i Ekrem'e [sallallahu aleyhi vesellem] çok eziyet ettiler. Orada on gün kaldı ve onları İslâm'a davet etti. Reddettiler ve kovdular. Ayaklarına taşlar atarak yaraladılar. Zeyd b. Hârise [radıyallahu anh] kendi vücudunu Peygamberimiz'e siper ederek onu korumaya çalıştı.

Resûlullah Efendimiz [sallallahu aleyhi vesellem], ayaklarından akan kanlarla çok mustarip bir halde idi. Yolun kenarındaki bostanın içinde Utbe ve Şeybe b. Rebîa'yı gördü. Allah Resûlü'nün akrabaları idiler. Rasûl-i Ekrem [sallallahu aleyhi vesellem], onların kendisine olan düşmanlıklarını bildiğinden içeri girmedi. İki rekât namaz kıldı, Allah'a yalvardı, halini arzetti.

Utbe ile Şeybe'nin nasılsa akrabalık damarı tuttu. Addas isimli köleleri ile Resûlullah'a bir tabak üzüm gönderdiler. Peygamberimiz elini tabağa uzattı ve besmele çekti. Addas, onun yüzüne bakıp şöyle dedi:

- Vallahi bu söz, bu beldenin sözü değildir. Senin sözün ne sözdür?

- Sen hangi beldedensin? Dinin nedir?

- Ninovalıyım ve hıristiyanım.

- Sen benim kardeşim Yunus b. Metta'nın köyündensin.

- Yâ Muhammed, sen Yunus b. Metta'yı nereden bilirsin? Ninova da dahil on kişi onun ismini bilmez.

- Rabbim bana bildirdi. O benim salih kardeşim peygamberdir. Bunun üzerine Addâs kelime-i şehadet getirdi. Utbe ve Şeybe Addâs'ı çağırıp onu payladılar:

- Yazıklar olsun Addâs! Sen o adamın sihrine mi yakalandın?

- Yeryüzüne ondan daha doğru sözlü biri gönderilmedi. O muhakkak resûldür. Utbe ve Şeybe gülüşerek alay etkiler.

Tufeyl b. Âmir, şerefli akıllı, soylu bir zattı. Şairdi. Kureyş'ten değildi ama Kureyş'in müttefiki idi. Mekke'ye sık sık gelir, Peygamberimiz'e yapılanları görür, hoşlanmazdı. Çünkü akıllıydı. "Bu zat kendisini feda edip insanları hidayete çağırıyor. O elbet azizdir" der ve Hz. Peygamberimiz'e eziyet edenleri uyarırdı. Mekkeliler Tufeyl'e, "Sen şairsin, efendisin, sözü dinlenir bir kimsesin, akıllısın. Bu adam bizim topluluğumuzu karıştırdı. İnsanın babasıyla, kardeşiyle, karısıyla arasını açıyor. Başımıza gelenin senin başına da gelmesinden korkarız. Sakın sen onunla konuşma" dediler. O, bu sözlere itibar etmedi. Mescid-i Harâm'a vardığında Resûlullah [sallallahu aleyhi vesellem] Kâbe'nin yanında namaz kılıyordu. Kendisine yakın bir yerde durdu. Allah Teâlâ ona Resûl-i Ekrem'in [sallallahu aleyhi vesellem] sözlerini işittirdi. Kendi kendine, "Yazık bana, şu kâfirlerin sözüyle şu doğru

adamın sözlerini dinlemedim. Onun sözleri şiirse ben onu bilirim. Onu dinleyeceğim" dedi.

Resûl-i Kibriya [aleyhisselâm] Kâbe'den ayrıldı. Tufeyl de onu takip edip evine girdi.

"Yâ Muhammed, kavmin senin hakkında neler neler söylüyor. Bir zaman ben de seni dinlememek için kulaklarımı tıkamıştım. Sonra Allah beni, senin sözlerini işitmeye elverişli kıldı. Sen şu işi bana bir anlat" dedi.

Resûlullah [sallallahu aleyhi vesellem], doğruluk, iman, Kur'an ... hakkındaki her şeyi anlattı. Tufeyl de hemen müslüman oldu ve kendisini görevlendirmesini istedi. Kendisine bir delil, bir keramet vermesini diledi. Resûlullah da [sallallahu aleyhi vesellem] ona bir keramet ihsan etti. Şöyle ki: Karanlık bir gecede kavminin yanına dönerken, kavminin oturduğu su başına bakan yokuşta, iki gözünün ortasında kandil gibi bir nur yandı. "Allahım, bunu yüzümden başka bir yere naklet. Kabile halkım, bunun bana ilâhî bir ceza olarak verildiğini zanneder" diye niyaz etti. O nur, yüzünden değneğinin başına geçti.

SENİN KABUL ETTİĞİN DİN BENİM DE DİNİMDİR

Tufeyl anlatıyor: "Kabilemin yaşadığı suyun başına vardım. Değneğimin başındaki asılı kandili andıran nura bakıyorlardı. Yanlarına vardım. İçlerinde sabahladım. Babam yanıma geldi. Kendisi çok yakışıklıydı. Kendisine, 'Babacığım, sen benden uzak dur. Ben artık senden değilim; sen benden değilsin' deyince babam sebebini sordu, 'Ben, müslüman oldum. Muhammed'in [sallallahu aleyhi vesellem] dinine girdim' dedim. Babam, 'Ey oğlum, senin dinin benim de dinimdir' diyerek hemen müslüman oldu. Ona gusül

aldırdım, elbisesini temizlettim, İslâmiyet'i anlattım. Sonra evime gittim. Zevceme de müslüman olduğumu anlattım. O da, 'Senin dinin benim de dinimdir' diyerek müslüman oldu. Böylece kabilem içinde İslâmiyet'i tebliğ ettim." Ne zaman Resûl-i Kibriya Hayber'e geldi, onlardan yetmiş-seksen kişi müslüman olmuştu. Resûlullah'tan [sallallahu aleyhi vesellem] ganimet paylarını aldılar.

Tufeyl [radıyallahu anh], Mekke'nin fethine kadar Resûlullah'ın [sallallahu aleyhi vesellem] yanından ayrılmadı. Mekke'nin fethinde, gidip kabilesinin putunu yaktı.

Hz. Ebû Bekir [radıyallahu anh] zamanında, yalancı peygamber Müseylimetülkezzâb üzerine asker gönderilmişti. Tufeyl de [radıyallahu anh] askerlerin arasındaydı. Yolda uyudular. O esnada Tufeyl [radıyallahu anh] bir rüya gördü. Arkadaşlarına, yormaları için anlattı:

"Rüyamda başımın tıraş olduğunu, ağzımdan bir kuşun çıktığını, beni bir kadının karşılayıp karnının içine soktuğunu, oğlum Âmir'in de beni çok aradığını, sonra geriye kaldığını gördüm. Ben bu rüyayı şöyle yordum: Başımın tıraş olmasını, başımın kesilmesine yordum. Ağzımdan çıkan kuşun ruhumun uçmasına; bir kadının karnına girmemi, toprağa girmeye yani şehid olacağıma yordum. Oğlum da benden sonra şehid olacak."

Hz. Tufeyl, yalancı peygamber üzerine gittikleri muharebede şehid oldu. Oğlu da seneler sonra Yemâme muharebesinde şehid oldu.

Tufeyl b. Âmir'i [radıyallahu anh] neden anlattık? İrade hepimizde var. Günahları terkedeceğiz. Allah'a itaat edene Allah (celle celâluhû) bir nur verir.

Hz. PEYGAMBER'E MEKKE'DEN MEDİNE'YE HİCRET EMRİ NASIL GELDİ?

Resûlullah Efendimiz'e [sallallahu aleyhi vesellem] Mekke'-den Medine'ye hicret emri nasıl geldi? Kureyş müşrikleri, on dört kişi toplandılar ve Resûlullah'ın katline karar verdiler. Nadr b. Hâris, Ebü'l-Bahterî, Hakim b. Hişâm, Ümeyye b. Halef ... bunlardan bazıları. Bunu anlatmamın sebebi, kader bahanesiyle itaat zincirini kırıp itaatsizliğe girmenin cehalet olduğunu Allah (celle celâluhû) murad etmeden ecelin kimseye gelmeyeceğini, akıllı kimsenin ecel ve rızık korkusuna düşmemesi lazım geldiğini göstermektir. Ecel, nefestir. Nefes sayısını ne uzatabilir ne kısaltabilirsin. Kureyş'in azılıları Resûlullah'ı öldürmeye kastettiler ama ecel takdir olmadığı için hiçbir şey yapamadılar.

Toplanan on dört kişi müzakere ededursunlar, Necidli olduğunu söyleyen bir ihtiyar da konuşmaya katıldı. O, insan sûretine girmiş şeytandı. Resûlullah'ın [sallallahu aleyhi vesellem] baş düşmanı olduğundan, bu on dört azılı kâfirin on beşincisi olarak aralarına katılmıştı. Sonunda Resûl-i Ekrem'i [sallallahu aleyhi vesellem] öldürmeye karar verdiler. Bu görüş Ebû Cehil'indi. Şöyle dedi: "Her kabileden güçlü kuvvetli birer delikanlı seçelim. Ellerine keskin kılıçlar verelim. Hepsi aynı anda Muhammed'in odasına girsinler. Hepsi aynı anda vursunlar. Hâşimîler, bizim her bir kabilemizle muharebe edemezler." Necidli şeyh de bu söze destek verdi. Her kabileden bir katil seçtiler. Beş katil bir araya geldi. Suikast kararını pekiştirdiler.

Cebrâil [aleyhisselâm] Hz. Peygamber'e [sallallahu aleyhi vesellem] yetişti. "Sen geceleri üzerinde yatageldiğin döşeğinde yatma yâ Resûlallah" dedi. O gün, Allah

Azîmüşşan Fahr-i Kâinat'a hicret iznini verdi. Peygamber Efendimiz [sallallahu aleyhi vesellem] yatağına Hz. Ali'yi yatırdı. İşte canıyla kendini Allah Resûlü'ne feda eden Hz. Ali'dir. Örtünün altında yatan kim diye bakmadan mızraklarını batırsalardı İmam Ali Efendimiz [radıyallahu anh] şehid olacaktı.

Hz. Ali [radıyallahu anh], Peygamberimiz'in [sallallahu aleyhi vesellem] döşeğinde uyudu. Cellat delikanlılar, gecenin üçte biri geçince Resûlullah'ın evinin kapısı önünde toplandılar. Önce evin damından girmeye kalktılar, sonra vazgeçtiler. Peygamber Efendimiz [sallallahu aleyhi vesellem] Yâsîn-i şerif'in ilk on âyetini okudu. Yerden bir avuç toprak aldı, onların üzerlerine serpti ve aralarından geçip gitti.

Müşriklerden başka biri cellat gençlerin yanına gelerek onlara ne beklediklerini sordu. Muhammed'i beklediklerini söylediler. "Az önce o, buradan geçip gitti" dedi. Hemen içeri girdiler. Hz. Ali'yi [radıyallahu anh] yatar görünce, "Adamın bize söylediği doğru imiş" dediler.

Muhteremler, şunu iyi bilelim ki insanların aklına göre umduğu ummadığı, kötü karşıladığı veya iyi bildiği, kendisi için iyi veya kötü olan durumları Allah Teâlâ, nerede ve nasıl olursa olsun, tebdil etmeye kadirdir. İşte katil kapıda beklerken Allah Resûlü aralarından geçti gitti. Peygamber Efendimiz'in [sallallahu aleyhi vesellem] mağaradaki durumu da böyledir.

HİCRET YOLUNDA İKİ YOLDAŞ

Resûlullah [sallallahu aleyhi vesellem], Hz. Ebû Bekir [radıyallahu anh] ile birlikte Sevr dağının tepesindeki mağaraya girdiler. Hz. Ebû Bekir'in [radıyallahu anh] oğlu Abdullah,

gündüz Kureyşliler'in arasında bulunur, konuşulanları dinlerdi. Hz. Ebû Bekir'in [radıyallahu anh] çobanı da mağara çevresinde koyunları otlatır, içecek sütlerini götürürdü. Sıddîk-ı Âzam, önceden mağaraya girip yılanların deliklerini kapattı. Sonra Peygamber Efendimiz [sallallahu aleyhi vesellem] girdi. Tıkanmayan bir delik kalmıştı. Hz. Ebû Bekir [radıyallahu anh], oraya da topuğunu tıkadı ama o delikteki yılan onun topuğunu ısırdı.

Peygamber Efendimiz'le [sallallahu aleyhi vesellem] Ebû Bekir-i Sıddîk hazretleri içeriye girdikten sonra Allah Teâlâ, kudretiyle bir ağaç bitirdi. Bir örümcek, mağarayla ağaç arasına ağ ördü. O ağ, mağaranın içini görmeyi engelliyordu. İki dağ güvercini geldi, mağaranın ağzına yuva yaptı. Bir de yumurta bıraktı.

Peygamberimiz'le [sallallahu aleyhi vesellem] Ebû Bekir [radıyallahu anh], Sevr mağarasına girdikleri sırada Ebû Cehil'in grubu da toplanmış, kılavuz vasıtasıyla iz sürmekte idiler. Mağaranın yakınına kadar geldiler. İz sürücü Sürâka b. Mâlik, Resûlullah'ın [sallallahu aleyhi vesellem] 200 zirâ kadar yakınına yaklaşmışken, "İşte şu taşta bir iz var. Aradığımız bu mağaranın içindedir. Ben bu vakte kadar hiç yanılmadım" dedi. Silahlı, kılıçlı müşrikler hep birden mağaraya yaklaştılar. Sürâka, sabah olunca mağaraya girip bakmalarını söyledi.

MAĞARANIN KALKANI

Sabahleyin Sürâka, mağaranın içine bakmak için ilerledi. Mağaranın ağzındaki güvercin yuvasını görünce döndü. Niçin bakmadan döndüğünü sordular. "Mağaranın ağzında iki dağ güvercini yuvalanmış. İçeride kimsenin bulunmadığını anladım. İçeri giren olsaydı

yuva bozulurdu" dedi. Sonra diğer kılavuz yaklaştı. O da örümcek ağını gördü ve geri döndü. Müşrikler mağaranın etrafını dolaştılar. Ebû Cehil, "O bizim yakınımızdadır. Sihiriyle gözümüzü bağladı, göremiyoruz" dedi. Müşrikler nâçar geri döndüler. "Muhammed'in diyeti ölü veya diri 100 devedir. Ebû Bekir'inki de" dediler. Böylece Resûlullah Efendimiz'le [sallallahu aleyhi vesellem] Hz. Ebû Bekir [radıyallahu anh] üç gece mağarada kaldılar. Sonra Medine'ye doğru yola çıktılar. Yanlarında çobanları Âmir b. Füheyre ile kılavuzları Abdullah b. Uraykıt da vardı. Yol boyunca kiminle karşılaşsalar, Hz. Ebû Bekir'e, "Yanındaki mübarek zat kimdir?" diye sorarlardı. "Kılavuzumuzdur. Bize yol gösteriyor!" derdi.

Medine'ye yaklaşırken, Kudeyd'de Ümmü Ma'bed'in çadırına vardılar. Ümmü Ma'bed, akıllı, iffetli, güçlü bir kadındı. Çadırının önünde oturmaktaydı. Ondan hurma ve et satın almak istediler. Ümmü Ma'bed, yanında berikisinin de bulunmadığını söyledi. Peygamberimiz, "Süt bulunur mu?" diye sordu. Ümmü Ma'bed, "Davarlarımız kısırdır. Sütümüz de yoktur" dedi. Peygamberimiz, çadırın bir tarafında duran artık koyunu gördü. Ümmü Ma'bed'e sordu:

- Bu koyun nedir?

- O, davar sürüsünden kalmış dermansız bir koyundur.

- Onda süt var mı?

- O, bundan tamamıyla mahrumdur.

- Benim onu sağmama izin verir misin?

- Evet, sen onda süt bulabileceğini sanıyorsan sağ.

Peygamberimiz [sallallahu aleyhi vesellem] koyunu getirtti. Arkasına çömeldi. Besmeleyi çekti ve, "Ey Allahım,

onun sütünü bereketli kıl" dedi. Koyunun göğüsleri doldu. On beş kişiyi kandıracak süt sağdılar. Kap ağzına kadar doldu. Önce Ümmü Ma'bed kanasıya içti.

Arkadan Peygamberimiz [sallallahu aleyhi vesellem] ve diğerleri içtiler. Sonra Ümmü Ma'bed bir koyun getirip kesti, etini pişirdi. Hepsi yediler. Etin büyük kısmı kendilerine kaldı.

Yolcular gittikten sonra, kocası Ebû Ma'bed geldi. Kabın sütle dolu olduğunu görünce şaştı. Sütün nereden geldiğini sordu. Ümmü Ma'bed, "Bize mübarek bir zat uğradı" diyerek olanları anlattı ve ekledi: "Ben sanırım ki o zat Kureyşliler'in aramakta olduğu sahipleri olsa gerek." Ebû Ma'bed'e Peygamber Efendimiz'i tarif etti. Ebû Ma'bed, "Vallahi bu zat, o zattır. Eğer ben kendisine rastlamış olsaydım arkadaşlığımı kabul etmesini dilerdim. Yine de bir yolunu bulursam muhakkak onun huzuruna koşacağım" dedi.

Ümmü Ma'bed'in bildirdiğine göre, Peygamberimiz [sallallahu aleyhi vesellem] tarafından sağılan ve Resûlullah'ın kesilmemesini tembihlediği o koyun hicretin sekizinci yılındaki kuraklığa kadar hiç durmadan süt verdi.

Müşriklerin kılavuzu Sürâka atına bindi ve Peygamberimiz'i [sallallahu aleyhi vesellem] takibe koyuldu. 100 deveyi almak istiyordu. Fal oklarını da yanına almıştı. Muhammed'i [aleyhisselâm] yakalayıp muradıma erecek miyim, diye fal oku çekti. Onu hiç memnun etmeyen, "Zarar veremeyecek" oku çıktı. Buna rağmen takibe devam etti. Sonunda, seslerini işitecek kadar onlara yaklaştı. Hz. Ebû Bekir [radıyallahu anh] dönüp bakınca Sürâka'nın geldiğini anladı. "Yâ Resûlallah, bu süvari bize yetişti" dedi. Peygamber Efendimiz [sallallahu aleyhi

vesellem], "Mahzun olma yâ Ebû Bekir, Allah Teâlâ bizimledir" buyurdu. Hz. Ebû Bekir ağlamaya başladı. Resûl-i Ekrem Efendimiz, "Niçin ağlıyorsun yâ Ebû Bekir?" diye sordu. Ebû Bekir'in [radıyallahu anh] cevabı şöyle oldu: "Vallahi ben şahsıma ağlamam. Sen âlemlere rahmetsin. Beni öldürse bir Ebû Bekir gider. Seni öldürürse âlem hüsranda kalır." Habib-i Hudâ [aleyhisselâm] ellerini açtı. "Yâ Rabbim, onun şerrini üzerimizden defet. Düşür onu atından" dedi. At birden kösteklendi, Sürâka yere yuvarlandı. Hemen fal okunu çekti. Aynı ok çıktı. Atının üstüne atladı, dört nala kaldırdı. At yine kapaklandı. Sürâka yine yere yuvarlandı. Bir fal oku daha çekti. Aynıydı. Aralarındaki mesafe iki-üç mızrak boyu kalmıştı. Sürâka'nın atının ön ayakları toprağa gömülmeye başladı. Dizlerine kadar gömüldü. Sürâka atı çıkartmaya çalıştıkça at batıyordu. Anladı ki bu zat Allah tarafından korunuyordu. "El-aman yâ Muhammed! Artık size eza etmeyeceğim. Dua et, Allah beni bu durumdan kurtarsın. Üzerime borç olsun, arkadan gelenlere sizi söylemem" diye seslendi. Peygamber Efendimiz [sallallahu aleyhi vesellem] dua etti. At silkinip kalktı. Ayaklarının gömüldüğü yerden siyah bir duman yükseldi.

Sürâka, Kureyşliler'in Muhammed'e [sallallahu aleyhi vesellem] neler yapmak istediğini anlattı. Üzerindeki yiyecekleri Resûlullah'a [sallallahu aleyhi vesellem] vermek istedi. Peygamber Efendimiz [sallallahu aleyhi vesellem] kabul etmedi. Sürâka, "Yâ Muhammed, seninle benim aramda bir alamet olması için bir yazı yaz" dedi. Resûl-i Ekrem [sallallahu aleyhi vesellem] Ebû Bekir'e söyledi. O da bir deri parçasına yazdı. Sürâka da onu ok torbasının içine koydu. Sürâka,

- Ey Allah'ın peygamberi, ne dilersen bana emret.

- Sen yerinde dur, arkamızdan gelecekleri bizim peşimize salma. Sürâka yemin etti. Resûlullah Efendimiz Sürâka'ya gülümseyerek şöyle dedi:

- Ey Sürâka, sen Kisra'nın bileziklerini koluna takıp kemerini kuşandığın ve tacını başına koyduğun zaman nasıl olacaksın!

- Krallar kralı Kisra'yı mı kastediyorsun yâ Resûlallah?

- Evet. Fars beldeleri bir gün benim ordularımla fethedilir. Onun kemeri, bilezikleri ve tacı sana kalır. O günü hatırla da gül ya Sürâka!

Nitekim İran seferi tamamlandı. Sa'd b. Ebû Vakkas Medâin'i fethetti. Krallık ele geçirildi. Sürâka'nın nasibine de Resûlullah'ın [sallallahu aleyhi vesellem] saydıkları düştü.

Allah Resûlü'nün sahabesinin çektiği sıkıntılar anlatılmakla bitmez. Bir tanesini nakledelim: Zinnure Hatun Rum asıllıydı. İslâm'la müşerref oldu. Abdüddâroğulları'nın câriyesi idi. Müşrikler tarafından, dininden dönmesi için çok eza cefa edildi. Sonunda, yapılan eza cefadan Zinnure Hatun'un gözleri kör oldu. "Onun gözlerini Lât Uzzâ kör etti" diye dedikodu yaydılar. Zinnure Hatun dua etti: "Yâ Rabbim, şu kâfirlerin küfür sözlerini boşa çıkar. Kadir-i mutlak sensin!" O gece gözleri açıldı. Kureyş kâfirleri, "Bu da Muhammed'in sihridir" dediler.

Resûl-i Kibriya'nın mağara arkadaşı Sıddîk-ı Âzam [radıyallahu anh] kâfirlerden eza gören yedi tane köleyi satın alıp âzat etmiştir. 40.000 dirhemi varken 30.000'ini bu yolda harcamıştır. Onun için Ebû Bekir hazretlerinin [radıyallahu anh] kemalâtının ölçüsü yoktur.

Bir misal daha verip sözümüzü tamamlayalım: Ümmü Ammâr'ın âzatlı kölesi Habbâb demirci idi. Kılıç yapardı. Müslüman olduğu için ona da çok eziyet etmişlerdi. En sıcak günlerde çıplak vücuduna demir gömlek giydirip Mekke'nin dışındaki kayalıklarda, sırtının yağları eriyinceye kadar güneş altında tutarlardı. Sahibi Ümmü Ammâr demiri ateşte kızdırır, Habbâb'ın başını dağlardı. Habbâb bu durumu Peygamberimiz'e şikâyet etti. Resûlullah dua etti: "Ey Allahım, Habbâb'a yardım et."

Ümmü Ammâr başından bir derde tutuldu. Köpekler gibi uludu. Başını dağlatmasını söylediler. Habbâb geldi, kendi başının dağlandığı demirle o kadının başını dağladı. Allah [celle celâluhû] intikamını almakta elbet kudret sahibidir.

TASAVVUFÎ SOHBETLER

Tasavvuf ve Nefis Terbiyesi

MEHMET ILDIRAR

SEMERKAND

TASAVVUFİ SOHBETLER 11

Görünmeyen düşmanımız

Şeytandan korunma yolları

MEHMET ILDIRAR

SEMERKAND